Johann Modest Pichler

System der von Christo eingesetzten Regierungsform und deren Verbindungsform katholischer Staaten

Johann Modest Pichler

System der von Christo eingesetzten Regierungsform und deren Verbindungsform katholischer Staaten

ISBN/EAN: 9783743697140

Hergestellt in Europa, USA, Kanada, Australien, Japan

Cover: Foto ©Lupo / pixelio.de

Weitere Bücher finden Sie auf **www.hansebooks.com**

Kurzgefaßte
Geschichte
vom
Ursprunge, Fortgange
und dem
dermaligen Zustande
des
geistlichen Rechts
in
katholischen Ländern.

Herausgegeben
von
Johann Modest Pichler,
Juris utriusque Doctore und Causidico in Schwaben.

Frankfurt und Leipzig
1773.

Vorrede.

Schon lange suchen diejenigen, welche sich auf die Kirchengeschichte und die geistliche Rechtsgelehrsamkeit legen, ein Werkchen, worinn die Geschichte des katholischen Kirchenrechts in einem Auszug geliefert werden möchte. An weitläuftigen Werken von dieser Art fehlt es freilich nicht, allein diese sind entweder für einige zu kostbar, oder nicht für jedermann brauchbar. Ich hoffe also an der Arbeit, die ich hiemit dem Publiko vorzulegen die Ehre habe, keine unnüzze Arbeit unternommen zu haben. Ich weiß es selbst am besten, wie sehr ich

ich mich — als ich auf der Universität zu
D.... noch den Rechten oblag — ge=
martert habe, bis ich mir aus vielen gro=
sen und weitläuftigen Werken ein Sy=
stem machte. — Meine Absicht ist ge=
wis die redlichste von der Welt. Die
Pflicht, die mir als Rechtsgelehrten
schon bei 30 Jahren obliegt, hoffe ich
auch erfüllt zu haben. Ob ich aber auch
den Ruhm eines teutschen Schriftstel=
lers verdiene, darüber mag das geehrte
Publikum urtheilen, denn in den Schu=
len habe ich meine Muttersprache nicht
gelernt.

Geschrieben zu K... in Schwaben
am 30. Jul. 1773.

Johann Modest Pichler,
Juris utriusque Doctor
und Causidicus.

1. §.

1. §.

Die Kirche Gottes hätte in ihrem Ursprunge keine andere Gesezze, als die **göttliche Schrift**, die mündliche Lehre Christi ihres Stifters, und der von ihm gesandten Apostel, bis endlich diese Lehren auf Begehren der Glaubigen auch schriftlich verfaßt wurden. Die Liebe, womit die ersten Christen verbunden waren, und gleichsam **ein Herz** und **eine Seele** hatten a), räumte von selbst alle Zänkereien aus dem Wege, und wenn irgendwo einige entstunden, so wurden sie durch die Apostel und ihre Nachfolger ohne Weitläuftigkeiten beigelegt. Die Gewalt der h. Apostel war eine **blos geistliche** Gewalt, und sie erstrekte sich über die **Seelsorge**

a) Apostelgeschichte III. 32.

ge nicht hinaus b). In **zeitlichen** Dingen waren die ersten Christen ihren weltlichen Obrigkeiten unterthan, und sie erzeigten denselben auch, der Lehre des Apostels zu folge, allen Gehorsam und alle Unterwürfigkeit.

2. §.

Die heil. Apostel hinterließen den Bischöffen und Priestern gewisse Maasregeln und Gebote, welche ebenfalls keine zeitliche Dinge, sondern die Seelsorge betrafen. Diese erhielten sich lange durch mündliche Ueberlieferungen in dem Gedächtnis der Glaubigen. Es wurden durch dieselbe sowol die **Glaubensregeln als zweifelhafte Gewissensfälle und Kirchensachen** entschieden. Endlich, da sie mit dem Wachsthum der Kirche zu sehr anwuchsen, so wurden sie auch schriftlich verfaßt;

b) FLEURY Institutiones Juris eccl. Cap. I. Num. 1. RAUTTENSTRAUCH Instit. Jur. eccles. Cap. I. §. XV.

c) Daher entstunden manchmal die **Ausdrüffe**: Collectio Canonum, Codex Canonum. Es sind zwar auch noch gewiße Canones apostolici und Constitutiones apostolicae vorhanden; sie werden aber nicht für ächt gehalten, wenigstens ist nachher viel unächtes Zeug darein

faßt; man nannte sie aber noch nicht **Ge-sezze**, oder **Befehle**, sondern Canones, d. i. **Regeln** c). Das Wort *Jus* oder **Recht**, z. E. Jus Canonicum hörte man vor dem XII. Jahrhunderte in der Kirche gar nicht d).

3. §.

Wenn sich Streitigkeiten von besonderer Wichtigkeit erhoben, so versammelten sich die Bischöffe und entschieden sie. Dergleichen Versammlungen wurden *Concilia* genannt. In den drey ersten Jahrhunderten ließen sich wegen der harten Verfolgungen, welche die Christen damals von den Heiden auszustehen hatten, wenig dergleichen Versammlungen halten. Man weißt indessen doch von einem Concilio unter dem Pabste **Viktor** im Jahre 196., und darein gemischt worden. Indessen sind sie doch sehr alt, und eben deswegen nicht gänzlich zu verwerfen.

d) Accedit demum *Juris canonici* appellatio faeculo duodecimo, sub id verosimilius tempus, quo Jus ecclesiasticum ad normam methodumque Juris civilis doceri in scholis publicis parique cum eo loco haberi coepit. RAUTTENSTRAUCH *Instit. Jur. eccl. Cap. I. §. 1.*

und von einem carthaginenſiſchen Concilio unter dem Biſchoffe **Agrippina**, deſſen **Cyprian** in ſeinem 71. Briefe eine Meldung thut e). Was nun die verſammelten Väter für Canones machten, dieſe wurden dem Landesregenten vorgewieſen f). Der Landesregent unterſtüzte dieſelbe, und machte ſie durch ſeine Autorität zu Landgeſezzen, hielt die Unterthanen dazu an, und was die äußerliche Policey in Kirchenſachen anbelangt, machte er ſelbſt mit Zuziehung der Biſchöffe, die immer an Höfen waren, viele nüzliche Geſezze, wovon der Codex Theodoſianus und das Corpus Juris Juſtinianeum voll ſind. In **Glaubensſachen,**

e) FLEURY loc. cit. N. III.
f) (GEO. CHRISTOPH. NELLERI) Principia Juris eccleſiaſtici Catholicorum ad Statum Germaniae accommodat. Cap. VII. Num. I. II. III.
g) Aus eben dieſer Lage der Sachen, die in der Kirchengeſchichte ſonnenklar bewieſen iſt, erhellet zugleich, daß die Landesherren gewis auch Geſezgeber in Kirchenſachen und nicht blos Executanten der Canonum oder Kirchenregeln waren. Die Synodalbriefe der Concilien an die orientaliſchen und occidentaliſchen Kaiſer ſind unläugbare Zeugniſſe hiervon. Die Kaiſer bedienten ſich in ihren Kirchenverordnun-

sachen, in **Gewissensfällen**, und in Dingen, welche blos die Seele und die Seeligkeit der Glaubigen angiengen, mischte er sich aber niemals ein. Auf diese Art hieng die Kirche und der Staat im engsten Bande zusammen, und es würden auch wahrscheinlicher Weise zwischen beiden niemals Uneinigkeiten entstanden seyn, wenn die Sachen immer in dieser Lage geblieben wären g)

4. §.

Nachdem Kaiser **Constantin** der **Grose** die Kirche von ihren Bedrükkungen befreiet und in die goldne Freiheit gesezt hat, wurden gleich ordnungen auch schon damals des Wortes: Gesez; da hingegen die Bischöffe und die in den Concilien versammelte Väter ihre Verordnungen nur Canones oder Regeln nannten. Die Kaiser sezten auch nach ihrer Willkühr Strafen auf die Uebertreter ihrer Kirchengesezze. Dis steht nur Gesezgebern, keinesweges aber Executanten der Gesezze zu. Wir werden gleich hören, daß die Kaiser nach der Hand den Kirchen und Geistlichen viele Privilegien ertheilt haben. Nun! Ist nicht iederzeit iener nach dem allgemeinen Begriffe ein Gesezgeber, der iemand von dem Gesezze eximiren, und ihm gegen dasselbe ein Privilegium ertheilen kann?

gleich mehrere Concilia hintereinander gehalten, und unter andern auch im Jahre 325. das erste Universalconcilium zu Nicäa in Bithynien unter dem Pabste **Sylvester**, und dem Kaiser **Constantin**; das **erste** Constantinopolitanische unter dem Kaiser **Theodosius** dem ältern im Jahre 381. das ephesinische unter dem Pabste **Cölestinus** und dem Kaiser **Theodosius** dem jüngern im Jahre 431., mehrerer anderer Partikularconcilien, die um eben diese Zeit gehalten wurden, nicht zu gedenken. Aus allen diesen Concilien entstund der erste sogenannte Codex Canonum Ecclesiae uniuersalis, welcher auch in dem chalcedonensischen Concilio zur Maasregel in Entscheidung der damals vorkommenden Materien der Kirchendisciplin genommen, von dem Pabste der ganzen Kirche anbefohlen, und bis in das sechste Jahrhundert auch überall gebraucht worden h).

5. §.

h) Afrika hatte iedoch schon damals seinen besondern Codicem Canonum, nach welchem seine Kirchendisciplin eingerichtet war, und es hat obgedachten Codicem Canonum Ecclesiae uniuersalis eben nicht angenommen. Ein merkwürdiger Umstand in der Kirchengeschichte und ein gewißes Zeichen, daß sogar die Canones

5. §.

Eine merkwürdige Collectionem Canonum machte im Anfange des sechsten Jahrhunderts für die lateinische Kirche Dionysius ein sehr berühmter und gelehrter Mann, der aber von Person sehr klein war, und eben deswegen Dionysius exiguus genannt wurde. Diese Kollektion fand sogleich vollkommenen Beifall. Sie war die vollständigste und richtigste vor allen vorigen. Nebst den Canonen der Concilien sammelte auch Dionysius exiguus alle sogenannte epistolas decretales von dem Pabste **Siricius** an bis auf den Pabst **Hormisdas**, und rükte sie in seine Sammlung ein. Er gab sich auch alle Mühe, die Statuten und Privilegien der römischen Kirche vor andern Kirchen hervor zu suchen, wie er es selbst in einem Briefe an den Priester Julianus bekennt i).

6. §.

nones uniuersales (außer was in Glaubenssachen decidirt wurde) als keine Universalgesezze angesehen wurden, und es stund also in der Willkühr einer jeden Partikularprovinz, sie anzunehmen, oder nicht. Annotat. ad uniuers. Jus can. D. Jo. Casp. Barthel.

i) Merkwürdig ist in diesem Stükke, 1) daß bis
der

6. §.

Im achten Jahrhundert und beiläufig um das Jahr 784. trift iener wichtige Zeitpunkt ein, in welchem durch die Kollektion des Isidori Mercatoris die gröſten Veränderungen in der Kirche Gottes ihren Anfang nahmen. Es brachte dieſer Isidorus Mercator epiſtolas decretales von Päbſten zum Vorſchein, die vor dem Sirkio verfaßt ſeyn ſollen. Die Päbſte, und beſonders Nikolaus I, betrieben ſehr, daß dieſe Kollektion überall angenommen würde, weil

der Zeitpunkt war, wo die Decretales epiſtolae der Päbſte neben den Canonibus der Univerſalconcilien zuerſt zu ſtehen kamen; 2) daß die Decretales epiſtolae der vorigen Päbſte eben darum unächt ſeyn müſſen, weil ſie dem Dionyſius unbekannt waren, der ſich doch alle Mühe gegeben hatte, die Autorität der Päbſte und die Privilegien der römiſchen Kirche in die Höhe zu bringen; 3) So vielen Beifall als dieſer Dionyſianiſche Codex auch in Welſchland fand, ſo wurde er doch in Teutſchland und Frankreich ganze 200 Jahre hindurch nicht angenommen. Im achten Jahrhundert endlich überſandte Pabſt Adrianus I. dieſen Codicem an Kaiſer Karl den Großen. Dieſer, der dem römiſchen Stuhle ſehr geneigt war, nahm ihn auch an, und machte durch ſeine

Auto-

weil darinn ihre Autorität und Gewalt über die Gewalt der Bischöffe so sehr erhoben war, und weil ihnen darinn so viele Rechte eingeräumet wurden, die vorhin den Bischöffen zustunden k). **Hincmarus** der Bischof, und andere Gelehrte damaliger Zeiten schrien zwar sehr und widersezten sich diesen Neuerungen, allein umsonst. Aus Mangel der Kritik konnte man eben so geschwinde nicht beweisen, daß dis eine untergeschobene Waare sey. Das vorgebliche Alterthum dieser Dekretalen, der Name **Isidors** des Samm-

Autorität, daß er auch in Teutschland überall angenommen wurde.

k) Nach diesen Dekretalen durften 1) ohne Erlaubnis des Pabstes keine Provincialconcilien mehr gehalten werden. Würklich wurde auch vom 12ten Jahrhundert an kaum ein Concilium mehr gehalten, dem nicht die päbstliche Gesandten präsidirten. Hingegen hob sich auch die löbliche Gewohnheit von dergleichen Provincialconcilien zu nicht geringem Schaden der Kirchendisciplin von sich selbst auf. 2) Die Definitivsentenzen über alle Bischöffe wurden dem Pabste eingeräumt. 3) Das Recht, Bischöffe zu transferiren, oder auch neue Bischofthümer zu errichten, wurde blos allein dem römischen Stuhle zugestanden. 4) Nichts wurde darinn so sehr auf alle Fälle extendirt, als die Appellation nach Rom, u. s. f.

Sammlers, den die meisten fälschlich für den berühmten spanischen Bischof Isidor hielten, verführten die Leser. Würklich behielten diese Dekretalen ihr Ansehen, bis in das 16te Jahrhundert, wo endlich der Betrug so sonnenklar entdekt wurde, daß er iedermann in die Augen leuchtet. Was für wichtige Veränderungen sind aber indessen vorgegangen, und was haben nicht die Bischöffe und selbst die höchsten weltlichen Landsregenten dabei verloren!

7. §.

Inzwischen vermehrten sich dergleichen Kollektionen immer mehr. Die berühmtesten davon sind: die Kollektion des Abtes **Reginon** im Jahr 900; die Kollektion des Bischofs von Worms **Burchardi**, im Jahre 1020, **Jvons** Kollektion im Jahre 1100. Endlich erschien die Kollektion eines Benediktinermönchs von Bononien, Gratiani, um das Jahr 1150. Es war diese Kollektion ein sehr unvollkommenes und von vielen Unrichtigkeiten strozendes Werk;

1) Noch iezt ist dieses Werk der erste Theil des Corporis Juris Canonici, **und wird entweder** Decretum Gratiani, **oder schlechtweg** Decretum **genennt.** Es ist aber auch noch iezt von den vielen Fehlern nicht gereinigt, wovon

AN-

Werk; allein es gewann doch vor allen vorigen gar bald die Oberhand. Und weil man eben damals gar sehr bemüht war, daß die **weltlichen Rechte** auf hohen Schulen mit vielem Beifall gelehrt und mit gröstem Fleise studirt würden, so schien es die schönste Gelegenheit zu seyn und es lag auch den Päbsten sehr viel daran, daß auch die **Kirchenregeln** in Gestalt eines **geistlichen Rechts** eingerichtet und auf Universitäten öffentlich gelehret würden. Zu diesem Endzwek schien Gratians Werk vortreflich zu taugen. Die vorigen Sammler sezten nur die Canones und Texte her, Gratian aber theilte sie in gewiße Gattungen aus, brachte sie in Ordnung; und wo sie sich zu widersprechen schienen, suchte er sie zu concordiren, deswegen nannte er es auch Concordiam discordantium Canonum. Das Werk schien also ein systematisches Werk zu seyn, und kam der scholastischen Lehrart, die damals sehr beliebt war, sehr nahe [1]). Es wurde also, aller Fehler und Unrichtigkeiten (die man nicht

unter-

---

[1]) ANTONIUS AUGUSTINUS Lib. I. Dialog. de Emend. Gratian. die meiste schon angezeiget hat. Es sind viele von den falschen Dekretalen Isidor Mercators, wie auch die Canones Concilii Eliberitani, die offenbar unächt sind, dar-

untersuchte) ungeachtet, in kurzem als ein Lehrbuch angenommen, und auf hohen Schulen öffentlich darüber vorgelesen. Und hiemit war der Grundstein gelegt, worauf hernach das ganze Gebäude des sogenannten **geistlichen Rechts**, welches wir iezt noch haben, aufgeführt wurde m).

8. §.

Auf diese Art bekam die äußerliche Kirchenverfassung eine ganz andere Gestalt. Vor der Mitte des 12ten Jahrhunderts wußte man von den Appellationen nach Rom fast nichts. Nachdem aber diese eingeführt waren, zogen die

darinn enthalten. Der vielen Texte der Väter nicht zu gedenken, die in den besten Auflagen, welche uns die PP. Benediktiner in Frankreich geliefert haben, als unächt verworfen sind. RAUTTENSTRAUCH Instit. Jur. eccles. §. XXXVII.

m) *Eugenius III.* gab dem Werke den grösten Vorschub, da er es zum Gebrauch der hohen Schule zu Bononien approbiren, und ienen den Gradum Baccalaureatum ertheilen lies, die sich darinn besonders hervorthaten. Die Teutschen besuchten damals diese hohe Schule sehr fleißig, und brachten dieses geistliche Recht mit dem weltlichen römischen Rechte

die Påbſte nicht nur alle wichtige Håndel der Biſchöffe, ſondern ſelbſt die cauſas ciuiles der weltlichen Regenten nach Rom n). Sie richteten ihre Gerichtsform gånzlich nach den weltlichen Tribunalien ein. Es entſtund die Curia romana, und zu gleicher Zeit wurden Diſpenſationen, Exemtionen, Indulten, Privilegien u. d. gl. in Menge ertheilt. Wir wollen eben nicht unterſuchen, wie weit man ſich hiedurch von dem Geiſte der erſten Kirche entfernet hat. Aber ſo viel iſt gewis, daß die ganze Verfaſſung, was das Aeuſſerliche betrift, (denn in Glaubensſachen hat ſich nichts geändert) gegen die erſte Verfaſſung kaum mehr kennbar war o).

Die

te in ihr Vaterland zurük. Auf dieſe Art verbreitete ſich die Sache ungemein, und fand in Teutſchland deſto mehr Liebhaber, da man die vorigen teutſchen Kollektionen Reginons und Burchards auch darinn fand. ANTON SCHMID, (Prof. Heidelberg.) Inſtit. Jur. eccleſ. germ. Cap. 3.

n) FLEURY Inſtit. Juris eccleſ. Part. I. Cap. I. Num. XII. BOEHMER addit. ſub praetextu peccati euitandi v. c. 12. X. de foro comp.

o) Circa idem tempus coepere diſpenſationes, exemtiones, priuilegia, indulta &c. ſpeciatim *Innocentio* III. & *Alexandro* III. qui ſeſe Dominos Canonum dixerunt, cum

B ante-

Die weltlichen Regenten, die eben damals meistentheils von Geistlichen regiert wurden, ließen es geschehen, und sahen lange ganz ruhig zu, als wenn sie bei der ganzen Sache nichts verloren hätten p).

9. §.

Die Menge der Sachen, die auf diese Art zu Rom entschieden wurden, zogen natürlicher Weise eine Menge Resolutionen und Dekrete nach sich. Vom Jahr 1150. bis auf das Jahr 1230. erschienen sechs Sammlungen von dergleichen Dekreten. Weil aber einige dieser Dekrete zu weitläuftig waren, andere auch in der Materie nicht wol zusammenhiengen, und beinahe widersprechende Resolutionen enthielten: so ließ **Gregorius** der IX*te* durch seinen Kapellan, den Dominikaner Ray-

antecessores Pontifices se custodes dundaxat, Vindices & Executores Canonum Professi fuerint. *Annotat.* BARTHEL. *in Prooem. P. Engel, fol. XVI.*

p) Was den meisten Vorschub that, war auch, daß die Akademien und Universitäten dem römischen Stuhle unmittelbar unterworfen waren. Von diesen kamen nun alle Prälaten und Kirchenvorsteher, und brachten die römischen

Raymundus von Pennafort diese Dekretalen abkürzen, sammeln, die Dekrete der lateranensischen Concilien mit einrükken, und in fünf Bücher abtheilen, die er dann mit der gewöhnlichen Approbation an die Bononiensische Universität schikte, und darüber öffentlich zu lesen und zu lehren befahl. Und diese machen nun den zweeten Theil unsers dermaligen Corporis Juris canonici aus.

10. §.

Nach dem Beispiel **Gregorii** des IX^{ten} gab **Bonifacius** der VIII^{te} gegen das Ende des dreizehnten Jahrhunderts im Jahre 1298. eine fernere Kollektion von dergleichen Dekretalen und Canonen unter dem Titel: Sextus Decretalium Bonifacii VIII. Liber heraus q). Nach diesen folgten die Clementinae, oder die

schen Principien mit sich. Nach diesen urtheilten und handelten sie, und weil man fast keine Gesezze annahm, die nicht entweder vom Pabste selbst gemacht, oder doch von ihm gut geheißen wurden, so musten auch nothwendig alle Gesezze nach diesem System ausfallen.

q) In Frankreich ist dieser Liber VI. Decretalium niemals angenommen worden. (S. van Espen Oper. posth. Part. III. Diff. hift.

die Kollektion Clementis des V^{ten}, die er zwar selbst im Jahr 1313. im Kardinalconsistorio promulgirt, die aber Johannes der XXII^{te} erst nach seinem Tode, im Jahr 1317., der hohen Schule zu Bononien und Paris zu lehren befohlen hat r). Auſſer dieſen ſind noch einige andere Dekrete und Konſtitutionen in dem Corpore Juris can. enthalten: als die Extrauagantes Joannis XXII^{di} und die Extrauagantes communes. Jene Sammlung hat Johannes der XXII^{te} veranſtaltet, dieſe hingegen enthält die Dekrete nicht nur von einem, ſondern von mehrern Päbſten. Beede werden extra-

in Sext. Decret.) Die Urſachen des Anſtoßes waren die Konſtitution: *Clericis laicos infestos &c.* vom Jahre 1298., und die Extrauagans: *unam sanctam &c.* in welcher ſich der Pabſt die Oberherrſchaft über die ganze Welt, folglich auch über Frankreich zueignet, und dieſe nicht nur in geiſtlichen, ſondern auch in zeitlichen Dingen. Und bis iſt die höchſte Stufe, auf welche die Päbſte ihre Macht zu treiben geſinnet waren.

r) Clemens hatte ſeinen Sitz von Rom nach Avignon in Frankreich verlegt. Seine Nachfolger blieben auch ganzer 72. Jahre, nämlich bis auf den Pabſt Gregorius den XI^{ten}, da.

extrauagantes genennt, weil keines von beeden weder ein päbstliches Rescript für sich hat, noch wie die vorigen der bononiensischen oder andern hohen Schulen anbefohlen worden ist. Sie sind also nicht autoritate publica in das Corpus Juris Canonici eingetragen worden.

II. §.

Diese sind nun die Theile des Corporis Juris canonici clausi. Hieher gehören nun extra Corpus Juris canonici clausum in den neuern Zeiten das **Concilium von Trient,** die **Deklarationen der Kardinäle,** welche

da. Hierdurch bekam die Kirchendisciplin wieder ziemlich eine andere Gestalt. Die Römer ließen den Päbsten keine Einkünfte nach Frankreich ausfolgen. Sie mußten also auf andere Mittel bedacht seyn, und deswegen führten sie die sogenannten leges bursales und camerales, worunter auch die Annaten gehören, und das Jus Spolii bei Ableiben der Canonicorum, ein. Die Bischöffe, Kapitel, Kanonikate und Abteyen verloren viel von ihren Rechten, weil der Pabst die Bischofthümer, Abteyen, Kanonikate und Präbenden vergab, bis endlich diese Schwürigkeit durch die bekannten Concordata beigelegt wurde. BARTHEL Annotat. in Jus eccles.

welche den wahren Sinn des Concilii zu bestimmen haben, die Bullen der leztern Päbste, die in dem **römischen Bullario** enthalten sind, die Resolutionen von der *Congregatione rituum* und *Congregatione indicis*, wovon iene die Kirchenceremonien und Gebräuche zu ordiniren, diese aber die Büchercensuren zu besorgen hat; die *Rota romana*, welche Privatstreitigkeiten von Partheyen, die sich nach Rom wenden, entscheidet; die *Regulae cancellariae*, welche die Kanzleyordnung bestimmen, die ieder Pabst bei dem Antritte seiner Regierung ändern kann. Alle diese werden unter dem Ausdruk: *Curia romana* verstanden. s).

12. §.

Seit dem achten Jahrhundert, da sich die päbstliche Macht nach dem Grunde der falschen Isidorianischen Dekretalen immer mehr und mehr empor schwang, schwiegen die Landesherren lange stille. Sie ertheilten selbst den Kirchen und Geistlichen viele Freiheiten. Sie unterstüzten die Verordnungen der Bischöffe sowol in als ausser den Concilien. Sie nahmen

---

s) Von was für Autorität sowol alle diese römische Kollegien, als selbst die Theile des Corporis Juris clausi sind, wird in dem Werk selbst

nien die gesammelten Kollektionen des geistlichen Rechts an. Da aber mit der Zeit einige Päbste die Sache zu weit trieben, sich in alle weltliche Händel mischten, dieselben nach Rom zogen, Geseze in zeitlichen Dingen, die nur den Landesherren zustehen, machten, als Oberherren der Welt Kaiser und Könige abzusezzen, und selbst die geistlichen **Censuren** in Temporalsachen zu misbrauchen, sich anmaßten, u. s. f. so sahen endlich die Landesherren, daß es nunmehr nicht mehr um die **geistliche Wohlfahrt** der Kirche, sondern selbst um ihre **landesherrliche Rechte** zu thun war; Sie fiengen also endlich an sich dem Strome zu widersezzen, ihre landesherrliche Rechte hervor zu suchen und nach und nach wieder geltend zu machen, ohne dabei der Religion und den wahren geistlichen Rechten zu nahe zu treten. Frankreich war etwas hizziger, Teutschland aber immer etwas willfähtiger. Was die Landesherren nach und nach und besonders in diesem laufenden Jahrhundert für Schritte gemacht haben, lesen wir beinahe in allen Zeitungen. Der iezige Zustand des Juris canonici

selbst weitläuftiger vorkommen. Hier wird nur so viel davon gemeldet, als zu einer historischen Einleitung gehöret.

nici hat sich also von den vorigen wieder merk‑
lich abgeändert.

13. §.

Da wir uns in Teutschland befinden, so
dürfen uns die Jura publica ecclesiastica
Teutschlands nicht unbekannt seyn. Derglei‑
chen sind die ältern und neuern Concordaten t).
Unter die ältern gehören die Pacta Adriani mit
Karl dem **grosen** und der nachfolgenden
Päbste mit den Ottonen; die berühmte Re‑
nunciation **Heinrich** des V.^{en} im Jahr 1122:
und die Reversalen **Calixtus** des II^{ten}. Zu
den neuern gehören jene Concordaten vom
Jahr 1447., welche zwischen **Friedrich** dem
III^{ten} und einigen sowol geistlichen als welt‑
lichen Fürsten auf einer Seite und auf der an‑
dern mit **Nikolaus** dem V^{ten} getroffen wor‑
den sind. Auch die besondern Reichsgeseze
haben hier ihren Einflus. Denn das Band,
womit

---

t) In den Concordaten haben die Päbste viel
von ihren prätendirenden Rechten nachgelassen,
und dis ist ein klarer Beweis, daß diese Rech‑
te nicht Juris diuini müssen gewesen seyn.
Principia jur. publ. eccl. cathol. Cap. XII.

u) So

womit die besondern Stände mit dem Reich und dem Kaiser zusammenhangen, und die Komitialrecesse betreffen die Konventionen, welche die Stände, sowol unter sich selbst, als mit auswärtigen Höfen und dem römischen Stuhle haben u). Es sind hauptsächlich **drey** Epochen. In der **ersten** können die Gesezze von **Karl** dem **grosen** bis auf Karl den IV^{ten} gezählet werden, als z. Ex. die Capitularia Regum francorum, (die zwar eigentlich nicht so fast unter die Gesezze als vielmehr zur alten Geschichte gehören,) die Diplomen, Statuten, Privilegien und Freiheiten, welche den Kirchen, Stiftern und Klöstern von den Kaisern ertheilt worden sind, u. s. f. Die **zwote** Epoche läuft von **Karl** dem IV^{ten} bis auf **Karl** den V^{ten}, und die **dritte** Epoche von **Karl** dem V^{ten} bis auf unsere Zeiten. Hieher gehören der Passauervertrag, der Religions- und Westphälische Friede, u. d. gl.

14. §,

u) So ist z. Ex. vieles in der goldenen Bulle enthalten, was in das Jus ecclesiasticum publicum einschlägt. Z. Ex. von der Advocatie, welche ein Kaiser über die Kirchen hat, von dem Rechte Concilien zusammen zu berufen, von den Concordaten, Annaten, der **Immunität**, u. s. f.

14. §.

Was endlich zu dem iezigen Jure canonico als der brauchbarste und Haupt-Theil gehöret, dis sind die *Jura* und *Priuilegia patria* iedes Landes und die landesherrliche Verordnungen, die in Ecclesiasticis zu verschiedenen Zeiten im Vaterlande gemacht worden sind, die man vergebens in den Dekretalen oder in dem Corpore Juris canonici suchet. Wer nun nicht ein bloser Dekretalist seyn will, (denn dis waren die ältern Kanonisten hauptsächlich) der mus sich diese Jura und Consuetudines patrias vor allem bekannt machen, denn ohne deren Kenntnis kann er in öffentlichen Geschäften unmöglich fortkommen. Hieher gehören auch die Bullae pontificiae, die besonders in iedes Land dirigirt worden, die eben in ihrem Innhalte nach Verschiedenheit der Länder verschieden sind, wie nicht weniger die **Concordaten** und **Recesse**, die manchmal vim pacti, manchmal nur vim priuilegii haben, und was immer in dieses Fach einschlägt.

15. §.

Wir haben von dem Ursprung, Fortgang und dem dermaligen Zustande des geistlichen Rechts so viel gesagt, als bei einer historischen Ein=

Einleitung nöthig war. Um nun in der Sache selbst gründlich zu Werke zu gehen, so sind gewiße Principien und Maasregeln vorauszusezzen, die in der Kirchengeschichte sowol, als selbst in der innern Wesenheit der Sachen ihren Grund haben, und die in diesem Stükke ein ungemeines Licht geben.

I. Man reinige sich von allen Schulvorurtheilen, studire und überlege ieden Saz, wie er an sich selbst wahr, nicht iust wie er bisher gelehrt worden ist. (S. die Epichoragia in *Princip. jur. publ. ecclef. cathol. ad Stat. Germ. accommod.*)

II. Nichts ist unrichtiger als der Saz: **Nun ist die Sache so,** *ergo* **ist sie allezeit so gewesen, und mus so seyn.** Nein! die ganze Einleitung zeiget ganz klar, daß nichts wahrer sey, als das bekannte: *olim non erat sic.*

III. Hingegen ist aber auch richtig, und es gäbe zu nicht weniger Verwirrungen Anlas, wenn man sich schlechterdings in den Kopf sezzen wolte: **Im Anfange und in ihrem Ursprunge war die Sache so,** *ergo* **mus sie auch iezt so seyn.** Was an sich

selbst

selbst **recht, wahr** und **billig** ist, das ist nach der verschiedenen Lage der Zeiten und Umstände nicht allemal **klug** und **möglich.**

IV. Das Corpus Juris canonici macht keineswegs das geistliche Recht allein aus, und man mus auch das geistliche Recht niemals von dem Corpore Juris canonici zu studiren anfangen, wenn man nicht ein bloser Dekretalist werden will. Die ächten Gründe des geistlichen Rechts nach der von Christo eingesezten Regierungsform sind weit älter als das ganze Corpus Juris canonici ist, wie man aus der historischen Einleitung sieht.

V. Die Kirchengeschichte zeigt eigentlich, wie alles vom Anfang und Ursprung der Kirche an bis auf unsre Zeiten gieng. Man sieht in derselben, wie in einem Spiegel, was geschehen ist. Und wenn man alles, was geschehen ist, genau gegen einander vergleichet, so wird man unschwer und mit Grunde urtheilen können, was immer hätte geschehen sollen. Und hier liegt unstreitig der Grund aller Fundamentalgesezze und aller Principien, worauf man sicher bauen kann. Man mus also iederzeit annehmen

VI. Separanda sunt jura a factis, wie der gelehrte P. Zallwein und mit ihm alle wahre Gelehrte

lehrte sagen. Nicht was geschehen ist, ist allemal mit Recht geschehen. Die Facta beweisen also ohne Principien nichts. Sie beweisen nur alsdann, wenn sie den Principien conform sind.

VII. Um von allen Gegenständen mit Grund und Fertigkeit zu urtheilen, theile man nur, und sezze die Gegenstände selbst wol auseinander. In den geistlichen Rechten können hauptsächlich dreyerley verschiedene Gegenstände vorkommen,

1) blos geistliche Dinge,

2) blos weltliche Dinge,

3) Dinge, die theils in das geistliche, theils in das weltliche einzuschlagen scheinen.

Blos geistliche Dinge, als z. Ex. Glaubenssachen, Gewissensfälle u. d. gl. gehören unstreitig der geistlichen, blos weltliche Dinge aber unstreitig der weltlichen Obrigkeit zu. Von Dingen der dritten Gattung, die mixti fori sind, ist nun die grose Frage: wie die Gränzen beeder Mächte zu sezzen seyen. Die Dekretalisten sezzen insgemein den Gränzstein zu weit auf die andere Seite. Sie spiritualisiren beinahe alle weltliche Materien.

VIII.

VIII. Es ist also unumgänglich ein Werk nothwendig, welches die Jura nach den Principiis, der Kirchengeschichte und den landesherrlichen Rechten auseinandersezzet, deren die Dekretalisten so gar selten, oder blos nach ihren Principiis, Meldung thun.

IX. Um die Hauptänderungen des geistlichen Rechts mit einem Blikke übersehen zu können, darf man sich nur 4. Hauptepochen aus dieser Einleitung merken.

1) Die **erste** Hauptepoche fängt sich mit dem Anfang der Kirche an und lauft bis auf das 8te Jahrhundert, nämlich bis zum Anfange der falschen Isidorianischen Dekretalen. Man nennt noch das damalige Jus canonicum *antiquum*. (S. den 1 — 6ten §.)

2) Die **zwote** Epoche fängt sich mit den Isidorianischen Dekretalen im 8ten Saeculo an und geht bis in das 13te Saeculum bis an den Schlus des Corporis Juris canonici clausi. Und dis wird würklich selbst von den Kanonisten Jus *nouum* genennt. (S. den 7 — 11ten §.)

3) Die **dritte** Epoche begreift das Jus extra Corpus Juris canonici in sich, worunter auch
die

die Concordaten gehören. Dis nennt man Jus *nouissimum*. (S. den 11 — 14ten §.)

4) Die **vierte** endlich ist die iezige Epoche, in welcher man das Studium Antiquitatis hervorzog, die Kirchengeschichte mit beizieht und das Jus canonicum also zu reguliren sucht, daß auch der landesherrlichen Rechte dabei nicht vergessen wird. Und dis kann man billig Jus *antiquissimo-nouum* nennen, weil es nur in der Verfassung neu, im Grunde aber uralt ist und selbst von der ersten Verfassung der Kirche im geringsten nicht abweicht.

System
der
von Christo
eingesezten
Regierungsform
und
deren Verbindung
mit der
Regierungsform
katholischer Staaten.

Eine Abhandlung,
verfaßt
von
Johann Modest Pichler,
Juris utriusque Doctore und Causidico
in Schwaben.

Frankfurt und Leipzig

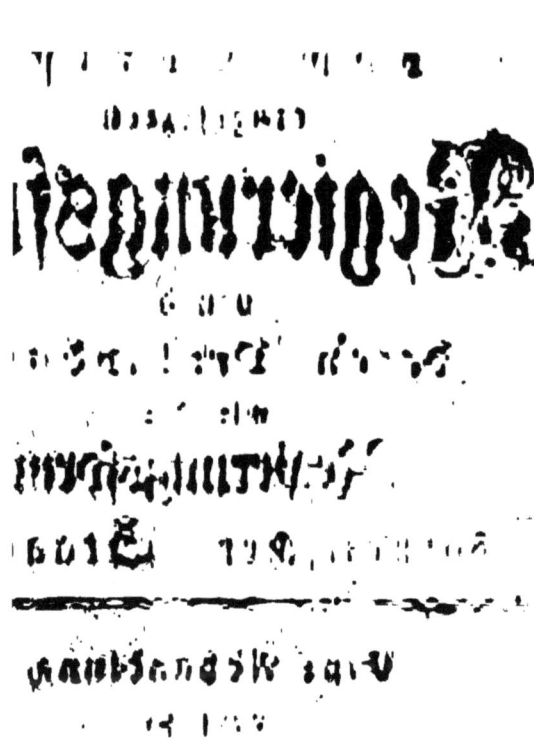

Vorrede.

Die Streitigkeiten zwischen dem römischen Hofe, den Bischöffen und weltlichen Landesregenten, die in diesem Jahrhunderte bekannt genug sind, haben zu verschiedenen Schriften und Systemen Anlas gegeben. Die Frage: ob das katholische Kirchensystem einen Staat im Staate ausmache, ist wol eine der wichtigsten Fragen davon, worüber die Rechtsgelehrten gegeneinander in den Waffen liegen. Ein Theil glaubt: das katholische Kirchensystem lasse sich nach der Lage, wie sie iezt beschaffen ist, mit der Wohlfahrt des weltlichen Staates unmöglich verbinden. Der andere Theil glaubt nicht nur dieses, sondern behauptet sogar die Möglichkeit dieses Sazzes, aber mit sehr übertriebenen Maasregeln, wodurch die weltliche Regenten schlechterdings Unterthanen des römischen Hofs, auch in Temporalibus, würden. Dieser leztere Saz, der doch seinen scheinbaren Grund in den Schriften der Dekretalisten und Scholastiker hat, fiel würklich zu gräslich in die Augen, und da er zugleich von einigen Mönchen sogar als eine Glaubenslehre behauptet wurde, so konnten nichts anders als heftige Zwistigkeiten von Zeit zu Zeit entstehen; und weil kein Theil weichen wollte, so würde dis der Zunder zu einem ewigen Feuer bleiben. Ich habe mich bemühet, die Sache nach der göttlichen Schrift, nach den heil. Vätern, nach der Kirchengeschichte, und nach allen vernünftigen Grundsäzzen zu untersuchen, und ich hoffe, daß meine Bemühung nicht fruchtlos abgelaufen seyn werde. Die Welt soll darüber urtheilen.

Geschrieben zu K... in Schwaben
am 31. Sept. 1773.

Johann Modest Pichler,
Juris utriusque Doctor
und Causidicus.

Verzeichnis
des Innhalts und der §§.

1. §. Die Kirche Christi in ihrem Grundrisse.

2. §. Schon in ihrem Ursprunge machten die Christen eine vom Juden- und Heidenthum getrennte Gemeinde aus.

3. §. Ihre innerliche und äußerliche Verbindung.

4. §. Das protestantische System

5. §. scheint zu sehr gekünstelt zu seyn.

6. §. Das katholische System, worinn

7. §. die ganze Kircheneinrichtung von der Kirchenhierarchie wol zu unterscheiden ist.

8. §. Die Priester sind von den Laien unterschieden, welches aus der göttlichen Schrift, und

9. §. aus den Schriften der ersten Kirchenväter bewiesen wird.

10. §. Die verschiedene Grade der Kirchenhierarchie, wie die Bischöffe von den Priestern

11. §. und der Pabst von den Bischöffen, unterschieden waren.

12. §. Beweise aus der göttlichen Schrift.

13. §. Die Regierungsform der Kirche.

14. §. Wie sie sich von Zeit zu Zeit, und worinn sie sich abgeändert habe.

15. §. Wie sie mit der Regierungsform des Staates übereinkomme.

16. §. Ob ein Staat im Staate bestehen könne? und

17. §. wie der geistliche Kirchenstaat im weltlichen Staate bestehen kann.

Abhand=

Abhandlung.

1. §.

Die Kirche Christi kann weder eine andere Macht, noch Regierungsform haben, als sie von Christo ihrem Stifter empfangen hat. Wollen wir nun der Sache auf den Grund sehen, so müßen wir auf den Ursprung der Kirche zurükke gehen, und in der göttlichen Schrift iene Stellen aufsuchen, und genau zusammenhalten, wo sie uns die Errichtung und Einrichtung der Kirche erzählet. Christus der Herr rief seine Jünger zu sich, und erwählte zwölfe aus Ihnen, die er auch Apostel nann-

nannte *. Weiter bestimmte er zwey und siebenzig andere, und sandte sie ie zween und zween in alle Städte und Oerter vor sich her, wo er selbst hinkommen wollte *b*. Viele glaubten an Ihn *c*, und es folgte Ihm immer eine Menge Volks nach *d*. Hier haben wir die Kirche in ihrer ersten Anlage. Sie bestund anfänglich aus Christo ihrem Oberhaupte, aus den Aposteln, aus den 72. Jüngern, und aus einer Menge Glaubigen. Jezt haben wir den Statthalter Christi. Den Aposteln folgten die Bischöffe, und den 72 Jüngern die Seelsorger nach. Den übrigen Theil des Volkes, das Christo nachfolgte, machten die übrigen Glaubigen aus. Die Kirche ist also in der Hauptsache nach ihrer Verbreitung noch so, wie sie in Ihrem Grundriße war *.

2. §.

a) Lvc. VI. 13. *b*) Lvc. X. 1. 3. *c*) Joann. VIII. 30. *d*) Joann. VI. 2. *) In diesem Hauptstükke habe ich theils mit den Dekretalisten, theils mit unsern Glaubensgegnern zu thun, die in diesem Stükke ein ganz anderes System haben, und dem Landesherrn in Kirchen- und Glaubenssachen zu viel einräumen. Ich will zwar keinen Band von polemischen

2. §.

Chriſtus wurde unter den Juden geboren und erzogen. Er errichtete ſeine Kirche nicht gleich bei ſeinem erſten Daſeyn auf der Welt. Nach einem dreyſigiährigen Lebenswandel, in welchem er das iüdiſche Geſez ſelbſt beobachtete, theils um dieſes mit Ehren zu begraben; weil es auch urſprünglich von Gott war, theils um ſich und ſeine Jünger nicht auf einmal dem Haſſe der Juden und ihrer Geſezgelehrten blos zu ſtellen, fieng er ſeine Lehre nicht gleich durch eine öffentliche und förmliche Trennung von der iüdiſchen Gemeinſchaft an. Seine und ſeiner Jünger Predigten waren anfangs eigentlich an die Juden gerichtet. Er lehrte in ihren Tempeln und Synagogen. Er ſuchte ſie zu gewinnen, und nach und nach zu künftigen Verfolgungen zuzubereiten. Alles dis geſchah aus den weiſeſten Abſichten, damit nämlich der Name

lemiſchen Streitigkeiten liefern, die Grundſäzze müſſen aber doch auseinander geſezt ſeyn. Ich will nur zeigen, daß die Regierungsform der Kirche, wie ſie von Chriſto eingeſezt iſt, ſich gar wol mit der Regierungsform des Staats, auch nach den katholiſchen Grundſäzzen, vertragen kann. Man mus nur dem Kaiſer geben, was des Kaiſers iſt, und Gott, was Gottes iſt. Lvc. XX. 25.

Name des Evangeliums nicht gleich in seiner Geburt erstikket würde. Indessen gab er seinen Jüngern und Gläubigen öfters zu verstehen, daß er eine Kirche aufrichten werde, die von der jüdischen Synagoge ganz unterschieden seyn würde, und daß jene, die an ihn glauben, eine ganz besondere Gesellschaft ausmachen würden. Es könne Niemand ein Mitglied dieser Gesellschaft seyn, der sich nicht öffentlich dazu bekennen werde; denn wer Ihn vor den Menschen verläugnen würde, den würde er auch vor seinem Vater, der im Himmel ist, verläugnen *a*. Er vergleicht seine Kirche mit einem Schaafstalle, wozu er selbst die Thüre wäre, und wer durch diese Thüre (nämlich durch ihn) eingehen würde, der sollte seelig werden *b*. Er hätte seine eigene Schaafe, und gebe sein Leben dafür; es wären aber auch noch andere Schaafe, die nicht aus diesem Schaafstalle seyen, und diese müße er herzu führen, damit es nur **ein Schaafstall** würde, wie es nur ein Hirte ist *c*.

Der

---

a) MATTH. X. 32. *b*) JOANN. X. 9. *c*) JOANN. X. 16. *d*) Ad Coloss. I. 24. *) Böhmer, Thomasius, und sehr viele protestantische Rechtsgelehrte behaupten: die allererſten Chriſten aus dem Judenthume hätten sich

Der neuen Kirche schrieb er neue Gesezze vor, und wer in diese Kirche eingehen wollte, der mußte sich taufen lassen. Denn wer nicht aus dem Wasser und dem heiligen Geist wiedergeboren würde, dem sagte er ausdrüklich: daß er nicht in das Reich Gottes eingehen würde d. Die sich nun taufen liessen, trennten sich eben der Taufe wegen von dem Judenthume. Und wenn sie auch gleich noch unter den Juden lebten, ja gar bisweilen in den Synagogen zusammen kamen, die Lehre Christi zu hören, so waren sie deswegen keine Mitglieder des Judenthums mehr. Sie waren vom Joche des iüdischen Gesezzes schon frey, und durch die Taufe Mitglieder einer ganz andern Gesellschaft geworden, die eine ganz andere Einrichtung, und ganz andere Gesezze hatte. Es machten also auch die allerersten Christen schon 1) eine vom Juden- und Heidenthume getrennte Gemeinde, und 2) einen ganz besondern Körper aus, dessen Oberhaupt Christus war *.

sich nicht gleich von ihren Brüdern getrennet, oder eine von der Synagoge unterschiedene Gemeinde ausgemacht. Sie hätten vielmehr nach iüdischen Gebräuchen gelebt und sogar ihre Versammlungen in iüdischen Tempeln und Syna-

3. §.

Der Begriff einer Geſellſchaft, eines Körpers, einer Gemeinde, bringt von ſich ſelbſt eine gewiße Verbindung mit ſich, in welcher die einzelne Glieder zuſammen hangen, und ohne welche keine Geſellſchaft beſtehen kann. Dieſe Verbindung iſt in der Kirche Gottes zweyfach, die innerliche und die äußerliche. Vermög der innerlichen werden alle Chriſten durch den Glauben an Chriſtum, durch die Gemeinſchaft der Heiligen, durch den Gebrauch der von Chriſto verordneten Heilsmittel, und ſelbſt durch die brüderliche Liebe miteinander verbunden. Dieſes innerliche Band des Glau-

Synagogen gehalten. Sie wollen hierdurch den Grund, worauf die iura collegialia und maieſtatica in ſacra gebauet werden könnten, legen. Denn, wenn man einmal die Kirche als einen beſondern uub von andern Gemeinden unterſchiedenen Körper anſieht, ſo kann man ihr kaum mehr gewiße Rechte abläugnen, die ihr der göttliche Stifter ſelbſt gleich bei ihrem Urſprunge gegeben hat. Sind dieſe Rechte der Kirche einmal zugeſtanden, ſo fällt es noch ſchwerer ihr dieſelben wieder zu nehmen, und dem Landesherrn, oder der Gemeinde einzuräumen. Sie unterſcheiden aber nicht das, was aus klugen Abſichten geſchah, von dem, was von Rechtswegen geſchehen konnte. Ein Körper unterſcheidet ſich von dem andern nicht durch

Glaubens, der Gnade Gottes, und der Liebe
ist in der Kirche an sich selbst unsichtbar, und
es wird nur in gewißem Verstande durch seine
Würkungen sichtbar, wie der Heiland sagt:
Aus ihren Früchten werdet ihr Sie erkennen *a*. Das äußerliche Band besteht in dem
öffentlichen Glaubensbekenntnis, im Gebrau-
che der von Christo eingesezten heil. Sakramente, im öffentlichen Gottesdienste und in
allen gottesdienstlichen Handlungen, wie nämlich der heil. Augustinus sagt: daß es unmöglich sey, daß eine Religion ohne öffentliche
Gebräuche und Ceremonien bestehen könne *b*.
Und in diesem Verstande kann die Kirche nicht
un-

durch den Ort der Zusammenkunft, sondern
durch die besondere **Einrichtung**, und die
Fundamentalgesezze. Daß aber die Christen, nachdem ihre Zahl anwuchs, auch öffentliche und besondere Zusammenkünfte und
Concilien gepflogen haben, dis wissen wir aus
Act. II. 42. XV. 6. u. s. f. **S. Fixlmiller**
de Reipubl. Sac. Orig. Exerc. I. **Rauttenstrauch** Instit. jur. ecclef. Tom. I. Part.
2. Sect. I. §. III. **Mosheim, Pfaff** und
andere auch protestantische Rechtsgelehrte widersprechen in diesem Stükke **Böhmern** und
Thomasio; weil die Sache einmal zu klar
scheint.

a) MATTH. VII. 16. *b)* S. AVGVST. L. contra

unsichtbar seyn. Beide Verbindungen gründen sich auf das Wort Gottes. Was das innerliche betrift, so wissen wir, daß ohne Glauben unmöglich sey Gott zu gefallen *c*, daß man Gott im Geiste und in der Wahrheit anbeten *d*, und daß wir ihn aus ganzem Herzen, aus ganzer Seele, und aus allen unsern Kräften lieben müßen *e*. Daß wir den Nächsten lieben sollen, steht wieder nicht in unserer Willkühr, auch kommt es nicht ursprünglich von dem Verständnis der ersten Christen her. Es ist ein ausdrükliches Gebot des Heilandes, welches er sogar als ein Kennzeichen angegeben hat, woran man seine Jünger vor andern unterscheiden konnte: Ich gebe euch ein neues Gebot, daß ihr einander liebet. In diesem werden alle erkennen, daß Ihr meine Jünger seyd, wenn ihr einander lieben werdet *f*. Das äußerliche Band hat in der Hauptsache wieder Christus selbst verordnet, da er die Taufe und das öffentliche Bekenntnis des Glaubens bei Verlust des Seelenheils anbefohlen, die heilige Sakramente eingesezzet, und selbst den Zusam-

---

tra Faustum. *c) Ad Hebr.* XI. 6. *d)* JOANN. IIII. 23. *e)* MARC. XII. 30. *f)* JOANN. XIII. 34. 35. XV. 12. 13. 17.

sammenhang der Kirche schon im Grunde der Kirche geleget und eingerichtet hat (1. §.).

Aus diesem folget nun sonnenklar, daß die Verbindung der Kirchenglieder 1) nicht aus einer freywilligen und selbst gewählten Verbrüderung der ersten Christen, wie Böhmer will, entstanden sey, sondern es ist 2) der Wille, und ein ausdrükliches Gebot des Heilandes, welcher sich in diesem Stükke also nicht nur 3) blos als einen Meister oder Lehrer, sondern 4) als einen Gesezgeber und als ein wahres Oberhaupt (2. §.) seiner Kirche gezeiget hat.

4. §.

Die protestantische Rechtsgelehrte geben sich mit Puffendorfen alle Mühe, ein ganz anderes System von der Einrichtung der Kirche Gottes zu behaupten, und derselben die gesezgebende Macht gänzlich abzustreiten. Sie sehen die Kirche als eine gleiche Gesellschaft an, wo alle Glieder in der Hauptsache ein gleiches Recht hätten, die nur unter sich durch ein gleiches Glaubensbekenntnis in Absicht auf das Ziel des Christenthums miteinander verbrüdert und verbunden wären [a]. Diese Gesellschaft sähe ungefähr so

---

[a] S. *Mosheims* allgemeines Kirchenrecht, 3. Haupst. 2. §. Georg. Ludov. *Böhmer*

so aus, wie eine Gesellschaft von Gelehrten, oder wie andere Civilgesellschaften und Kollegien, die sich im Staate befinden, und sie wäre nur in dem von dergleichen Civilgesellschaften unterschieden, daß sie zwar in und unter dem Staate stehen, keinesweges aber von der Gutheißung des Staates abhangen, sondern vielmehr auch ihr Ziel bei Verfolgungen und Unterdrükkungen der Staatsregenten erhalten könne. Die Glieder dieser Kirche bestünden nicht in Vorgesezten und Untergebenen, sondern in Lehrern und Zuhörern. Lehrer wären zwar in der Kirche nöthig, sie hätten aber keine obrigkeitliche Gewalt, sondern alle ihre Gewalt bestünde in einer blosen Direktion, wie bei gleichen Civilgesellschaften. Eine Kirchenordnung wäre zwar zu dem äußerlichen der Kirche wieder nöthig; in dieser bestünde aber auch die Quelle aller Kirchengesezze, die ursprünglich nicht von einem Gesezgeber, oder von einer gesezgebenden Macht, sondern von freiwilligen und brüderlichen Verbindnißen und Verträgen der christlichen Gemeinde herkämen, die man anfangs Kirchendisciplin nannte. Eine

---

Principia Juris Can. Tit. I. & II. Juft. Henn. *Böhmer* Inftit. Juris can. tum ecclef. tum pontif. Tit. I. §. V. VI. VII. & seq.

Pert-

Eine solche gleiche Gesellschaft wäre die Kirche in ihrem Ursprunge und in ihrer ersten Einrichtung gewesen. So verschieden auch die Verrichtungen und Geschäfte der Glieder zum Zwekke der Gesellschaft waren, (da einige lehrten, andere belehrt wurden) so entstund doch keine wesentliche Ungleichheit der Glieder und der Gesellschaft hieraus; indem kein Lehramt eine Oberherrlichkeit mit sich brachte, und kein richterlicher Ausspruch eines Apostels oder Bischofs Plaz hätte, weil alles von der Gemeinde geschlichtet und durch sie entschieden wurde. Das Lehr- und Predigamt selbst war zwar das Hauptgeschäfte der Lehrer, es war ihnen aber nicht so eigen, daß nur sie allein ein Recht zu predigen hatten; denn es predigte damals, wer nur immer durch die nöthige Gabe des heil. Geistes zum predigen und lehren geschikt war. Unter der Schlüsselgewalt war nichts anders als der Beruf zum Predigamte, nicht aber eine geistliche Kirchengewalt, nicht eine neutestamentische Priesterwürde, oder Vorzüglichkeit zu verstehen, ia man wußte nicht einmal von einem Unterschiede zwischen Geistlichen

Pertschii Elem. Jur. can. lib. I. Tit. IIII. Pfaff in den akademischen Reden über das Kirchenrecht.

lichen und Laien etwas. Eine Hierarchie, ein Kirchenstaat wäre wider das wesentliche der Religion, die keinem Zwange unterworfen seyn kann; ia selbst wider das wesentliche der weltlichen Staaten, die keinen Staat im Staate dulten kann. Nach diesem System hätte nun die Kirche als eine gleiche Gesellschaft ihre Gesellschaftsrechte (Jura collegialia), und der Landsherr als der höchste Regent über alle in seinem Staate befindliche Gesellschaften und Kollegien seine Maiestätsrechte (Jura maiestatica.). Was nun eigentlich in der Kirche zu den Kollegial= und Maiestätsrechten ins besondere gehöre, darinn kommen die protestantische Lehrer selbst nicht vollkommen überein.

5. §.

Wenn man dieses System mit dem natürlichen Verstande der Worte und der simpeln historischen Erzählung der göttlichen Schrift, wo sie von der Einrichtung der Kirche Christi redet, etwas genauer zusammenhält, so mus man sich Gewalt anthun, wenn man die Künsteley davon nicht bemerken will. Man bemerkt beinahe die Mühe, die sie dem Verfasser gekostet haben mag. Deswegen verfie=

a) CARPZOV. de Jure eccl. L, 2.

verfielen auch die protestantische Gelehrten nicht sogleich auf dieses System, unter welchem Carpzov *a* und Voetius *b* die Ungleichheit der Glieder und ihre Rechte in der Kiche ganz frey zulassen, und selbst einer aristokratischen Regierungsform nicht abgeneigt sind. Das Gegentheil dieses Plans erhellet theils aus dem schon, was wir bereits gesagt haben (1. und 3. §.), theils wird sich die Sache durch die folgende Beweisgründe noch mehr aufklären.

6. §.

Nach dem katholischen System ist die Kirche Christi eine ungleiche Gesellschaft, deren Mitglieder zwar in Christo verbrüdert, die aber in ihre Stände getheilt, und in ihrer Gewalt, in ihren Rechten, und Verrichtungen unterschieden sind. Die Geistliche sind unterschieden von den weltlichen. Unter den Geistlichen selbst ist ein Unterschied Nachdem ie einer in einem Grade der Kirchenhierarchie sich befindet, nach diesem Grade hat er seine Verrichtung, seine Gewalt, seine Rechte. Diese Einrichtung der Kirche überhaupt, und die geistliche Hierarchie insbesondere kommt im Grunde und ursprünglich von ihrem Stifter

b) VOETIVS de politia ecclesiastica.

ter selbst her (1. §.); wie denn die Kirchenversammlung zu Trient dis ausdrüklich definirt hat ᵃ. Mit Vermehrung der Glaubigen, und Verbreitung der Kirche haben sich freilich die Grade der geistlichen Hierarchie so wie ihre Verrichtungen vermehret, aber im Grunde änderte sich die Haupteinrichtung nicht (1. §.). Wir wollen die Sache noch mehr in das Licht sezzen.

7. §.

Der erste Grad der Einrichtung ist der Unterschied zwischen dem Priesterthum, und dem weltlichen Stande. So wie ein Schaafstall, mit dem die Kirche verglichen wird, Hirten und Schaafe in sich begreift, so begreift die Kirche Christi die Priester als Hirten, und die Laien als Schaafe in sich, sagt der heil. Cy=

---

a) Der Schluß des Conciliums ist Sess. 23. de Sacr. ord. Can. 6. Si quis dixerit in ecclesia non esse hierarchiam *divina ordinatione* institutam, quae constat ex *Episcopis, Presbyteris, Ministris*, anathema sit. Weiter eadem Sess. Can. 2. Si quis dixerit praeter sacerdotium non esse in Ecclesia catholica alios ordines maiores et minores, per quos velut per gradus quosdam in sacerdotium

Cyprian *a*. Man mus hier die Begriffe wohl
auseinder sezzen, und die Kirchenhierarchie
von der Kircheneinrichtung unterscheiden
(6. §.). Die Kirchenhierarchie versteht sich
nur von der Einrichtung des geistlichen Stan=
des, von den verschiedenen Graden, und von
der Subordinatian derselben; die Kircheneinr=
richtung aber schließt die ganze Versammlung
der Glaubigen, folglich die Hirten und die
Schaafe, das ist: die geistlichen und weltli=
chen Glieder sämtlich ein. Die Laien sind eben=
falls Glieder der Kirche, wie die Geistliche,
und gleichwie die Geistliche vermög der
Einsezzung Christi das Recht der Hirten ha=
ben die Schaafe zu weiden, so haben auch
die Laien oder Schaafe das Recht, daß sie
auf keine andere Art geweidet werden, als wie
es Christus der Oberhirt befohlen hat *b*.

§. 8.

dotium tendatur, anathema sit. *b*) Einige Grade der Hierarchie sind sogleich von dem
Stifter der Kirche, andere von der Kirche
selbst bestimmt worden. Jene sind diuini,
diese iuris ecclesiastici.

a) CYPRIANVS epist. LXVI. Quid est Ecclesia? Plebs Sacerdoti adiuncta, & pastori
suo grex adhaerens. *b*) Gleichwie unsere
Glaubensgegner den Laien in der Kirche Christi

8. §.

Als Christus der Herr das heil. Abendmal einsezte, nahm er das Brod, dankte, brach es, gab es den Aposteln und sprach: dis ist mein Leib [a]. Alsdann befahl er den Aposteln (denn diese waren doch allein gegenwärtig) dis thut zu meinem Gedächtnis [b]. Nach seiner Auferstehung sagte er wieder zu ihnen: „Wie mich der Vater gesandt hat, so „sende ich auch euch. Da er dis sagte, blies „er sie an, und sprach zu ihnen: Nehmet hin „den heiligen Geist, denen ihr die Sünden „ver-

---

sti zuviel eingeräumet haben, so läßt sich auch nicht läugnen, daß manche Dekretalisten das geistliche Recht so behandelt haben, als wenn die Kirche blos aus der Geistlichkeit allein bestünde, und als wenn es nur um Erhöhung und Verbreitung der geistlichen Hierarchie, und der Rechte derselben allein zu thun, und die Kirche Gottes desto glücklicher wäre, wenn nur alle Civil- und Temporalsachen ad forum ecclesiasticum gezogen, und der weltliche Stand dem geistlichen, wo nicht directe, wenigstens indirecte auch in zeitlichen Dingen unterworfen würde. Dis ist aber eben der Grund zu allen Verwirrungen. Wenn ein Theil zu weit geht, so geht der andere noch weiter. Die protestantische Rechtsgelehrten mach-

„vergeben werdet, denen sind sie vergeben,
„und welchen ihr sie behalten werdet, denen sind
„sie behalten *c*." Wer diesen Worten keinen
Zwang anthun will, der sieht deutlich genug,
daß Christus der Herr den Aposteln, und also
in der Folge den Priestern ihren Nachfolgern
eine Gewalt gegeben, und etwas befohlen, das
er nicht allen seinen Gläubigen gegeben, und
befohlen hat. Wie ihn der Vatter gesandt
hat, so sandte er auch seine Apostel. Er theilte ihnen eine Macht mit, die er nicht allen
Christen mittheilte, und wie er die Sünden nach-

machten mit Böhmern einen förmlichen Saz:
Ecclesiam constare ex *uniuerso christianorum
coetu*, non ex *solo Clero*. Dieser Saz ist unstreitig. Es kommt nur darauf an: ob denn
der Einsezzung Christi in der ersten
Kirche gemäs kein Unterschied zwischen
Geistlichen und Weltlichen gewesen sey?
Und dis wollen wir nun sehen.

a) Lvc. XXII. 19. *b)* In dieser Stelle ist den
Aposteln nicht nur die Ausspendung des heil.
Abendmals, sondern auch die Gewalt zu konsekriren, und das neutestamentische Opfer aufzuopfern, gegeben und befohlen worden. Das
Opfer schließt auch das Priesterthum in sich.
(S. Concilium Trident. Seff. XXII. Cap. I.
auch Cap. VIII. Can. I. II. & seq.) *c)* JOANN

nachlaſſen konnte, ſo konnten ſie auch ſeine Apoſtel (nicht aber alle Glaubige einander) nachlaſſen. Das äußerliche Zeichen, womit ihnen Chriſtus dieſe Macht mittheilte, war, daß er ſie anblies; die Apoſtel hingegen legten denienigen die Hände auf, denen ſie dieſe Macht mittheilen, und alſo ſenden wolten, wie ſie von Chriſto, und Chriſtus von ſeinem Vater, geſandt waren. Von der Würkung dieſer Handauflegung redet der Apoſtel, wenn er den Timotheus ermahnet, daß er die Gnade, welche durch Auflegung der Hände in ihm iſt, wieder erwekken *d)*, und ſie ia nicht vernachläßigen ſoll, die ihm durch die Weiſſagung und Auflegung der Hände des Prieſterthums gegeben iſt. Da wir alſo ſehen, daß vermöge

ANN. XX. 21. *d)* Epiſt. II. ad TIMOTH. I. 16. wie auch I. ad TIMOTH. IV. 14. *) Chriſtus redete die Sprache der Juden, ſagen unſere Gegner: im iüdiſchen Verſtande wird aber durch die Schlüſſel des Geſezzes nichts anders als die Gewalt das Geſez zu lehren und zu erklären verſtanden. Geſezt aber auch, es wäre dis der iüdiſche Wortverſtand, wie kann man wol behaupten, daß Chriſtus bei Errichtung ſeiner Kirche die Worte im iüdiſchen Verſtande genommen habe, da er doch 1) ganz andere Fundamentalgeſezze, und eine andere Regie-

ge der Einsezzung und des Befehls Christi einige in der Kirche das heil. Abendmahl konsekrirten und austheilten, andere empfiengen; einige die Sünden nachlassen konnten, andere aber diese Macht nicht hatten: so ist also auch 1) hierdurch der wesentliche Unterschied zwischen Geistlichen und Weltlichen, und zwar 2) durch den Heiland selbst hergestellet worden, und da die Gewalt zu lösen und zu binden in der Wesenheit und selbst nach dem natürlichen Wortverstande ganz eine andere Gewalt als die Sendung zu lehren und zu predigen in sich schließt, so kann 3) durch die Schlüsselgewalt unmöglich blos der Beruf zum Lehramte verstanden werden *.

9. §.

gierungsform eingeführet, 2) selbst erkläret hatte, daß die Verbindlichkeit der iüdischen Gesezze und das alte Testament aufgehoben, 3) anstatt der Beschneidung die Taufe, und anstatt der eiteln Lastgesezze neue Sakramente eingeführet worden seyen, dessen Ausspender, wie der Apostel I. ad Cor. IV. 1. saget, die Priester des neuen Testaments wären. 4) Es hat der Heiland diese Worte geredet, nicht, da er noch aus weisen Absichten mit den Juden umgieng (2. §.), sondern nachdem er von den Todten auferstanden war, nachdem also die

9. §.

Man weißt auch von diesem Unterschiede, und zwar gleich in der ersten Kirche Beispiele genug. Man nannte schon damals die Christen Laien, zum Unterschiede von den Geistlichen oder Clericis und den Katechumenen oder Glaubensschülern, die erst in den Gründen der christlichen Religion unterwiesen wurden *a*. In den Werken des Origenes, Cyprians und Tertullians kommt das Wort Laien überall vor, und diese Väter schrieben doch schon im dritten Jahrhunderte *b*. Es waren aber die Laien nicht nur dem Namen sondern auch ihrem

die Trennung von der iüdischen Gemeinschaft bereits geschehen, die neue Kirche errichtet, und das neue Testament eingesezt war. 5) Endlich sind die Worte, Schlüsselgewalt, iederzeit von den heil. Vätern, Concilien, und sämmtlichen Theologen in ihrem natürlichen und nicht im iüdischen Wortverstande bis auf die sogenannte Reformationszeit genommen worden. Man sehe hievon unsere Theologen, welche von Jahrhundert zu Jahrhundert die Texte ausführlicher anbringen.

a) Lvc. Paleotimi Antiquitatum siue originum ecclesiasticarum summa, Lib. II. Cap. 1. & 4. *b*) Daher kommt auch der Unterschied von der Missa Catechumenorum & fidelium. (S. Paleotimi Lib. XV.)
c) Eum

rem Amte und ihren Verrichtungen nach unterschieden; denn wo sich immer so viel Neubekehrte fanden, daß sie eine Gemeinde ausmachen konnten, so wurde über sie ein Bischof, oder ein Priester nebst einem Diakon gesezt, wie Clemens von Alexandria von Johannes dem Apostel erzehlet *c*), wie Ignatius in allen seinen Briefen das Volk ermahnet, daß es ohne Bischöffe, Priester und Diakonen nichts unternehmen solle *d*). Tertullian sagt endlich gar deutlich, daß es nur die Kezzer wären, welche die Verrichtungen der Geistlichen und Laien untereinander mischten *e*). Diese unstreitige

c) Eum vicinas gentes rogatum vifiſſe, partim quidem, ut *epiſcopos conſtitueret*, partim ut integras eccleſias diſponeret, ac formaret, partim etiam, ut unumquemque eorum, quos ſpiritus deſignaret, *in clerum* cooptaret. CLEMENS *de* ALEXANDRIA apud Bingham Vol. I. operum lib. I. Cap. V. §. 2. *d*) Hortor, ut ſit veſtrum ſtudium in Dei concordia omnia agere: Epiſcopo praeſidente Dei loco, & Presbyteris loco ſenatus apoſtolici, & diaconis mihi ſuauiſſimis, quibus commiſſum eſt miniſterium Jeſu Chriſti. IGNATIVS *Epiſt. ad Magnes.* N. VI. (S. den griechischen Text bei Bingham loc. cit. §. 4.) *e*) Alius hodie Epiſcopus, cras alius: hodie diaconus, qui

tige Zeugniſſe überzeugten ſogar einige Glaubensgegner, wie unter andern den berühmten Bingham, daß ſie dieſen Unterſchied ſelbſt eingeſtunden.

10. §.

Die Kircheneinrichtung beſtund überhaupt aus Geiſtlichen und Laien (8. u. 9. §.), und die Kirchenhierarchie aus Biſchoffen, Prieſtern, und Diakonen (9. §.) *a*. Dieſe drey Grade der Kirchenhierarchie finden wir ausdrük-

qui cras lector: hodie Presbyter, qui cras Laicus: nam & Laicis ſacerdotalia munera iniungunt. TERTVLL. de Praeſcript. C. XXXXI.

a) Nachdem ſich die Anzahl der Glaubigen, folglich auch die Verrichtungen der Geiſtlichen, beſonders der Diakonen vermehrten, ſo wurden ihnen die Subdiakonen als Gehülfen zugegeben, und zur Aushülfe der Subdiakonen nachmals die Lektoren, Oſtiarien, Exorciſten, Akolythen verordnet. Man hatte dieſe ſämmtliche Abtheilung zwar nicht in allen Kirchen, wol aber waren von der Apoſtel Zeiten her iederzeit die Biſchoffe, Prieſter, und Diakonen darinn enthalten. Morinus will behaupten, daß das Subdiakonat in den erſten Jahrhunderten der Kirche nicht einmal unter die Ordines ſacros gehört habe. Man kann hiervon den Thomaſſinus, Tour-

drüklich sowol ihrem Namen als Ihren Verrichtungen nach in der göttlichen Schrift *b*, und in der Kirchengeschichte des ersten Jahrhunderts.

Die Diakonen unterschieden sich schon damals von den Priestern, und man nannte sie nicht Priester, sondern Diener und Leviten *c*. Ihr Amt war das heilige Evangelium in der Kirche zu lesen *d*, das heil. Abendmal auszuspenden *e*, aber nicht zu konsekriren *f*,

zu

Tournelius, Satorius, und unsere Theologen nachschlagen. (S. auch *Fleury* instit. iur. eccles. L. I. Cap. III. *Rauttenstrauch* instit. iur. eccles. Tom. I. Sect. I. Cap. VII. *Schmid* instit. iur. eccles. Tom. I. Sect. I. Cap. II. §. 12.) *b*) Ad Philipp. I. 1. I. ad Tim. III. 8. & 12. Actor. XIII. 22. & XV. 2. I. ad Tim. V. 17. ad Tit. I. 5. Jacob. V. 14. *c*) CONCIL. CARING. IIII. c. IIII. Diaconus non ad sacerdotium, sed ad ministerium consecratur. & C. XXXVII. Diaconus ita se Presbyteri & Episcopi ministrum esse cognoscat. *d*) HIERONYM. epist. XLVIII. ad Sabin. CONCIL. VASENS. II. Can. II. *e*) JVSTIN. MARTYR. *Apolog. II.* Diaconi atque Ministri distribuunt unicuique praesentium --- panem, vinum & aquam, & ad absentes perferunt. CONCIL. NICAEN. *Cap. XVIII.* *f*) CON-
STIT.

zu predigen, und zu taufen *g*. Ihnen lagen auch damals alle andere Verrichtungen ob, die nun den Subdiakonen, Lektoren, Akolythen, Ostiarien und andern geringen Geistlichen zugetheilt sind.

Die Priester haben nicht nur alle die Gewalt, welche die Diakonen haben, sondern auch gemäs ihrer Ordination die Gewalt zu konsekriren, zu lösen, und zu binden. Außer der Priesterweihe hatten sie in Kirchenverrichtungen

STIT. APOST. *lib. VIII. C. XXVIII.* Diaconus non benedicit, neque dat benedictionem, accipit vero ab Episcopo & Presbytero ——— —— non offert; oblatione vero ab Episcopo & Presbytero facta ipse Diaconus dat populo non tanquam Sacerdos, sed qui ministrat Sacerdotibus. *g)* in den *Constitut. Apostol.* heißt es zwar *lib. VIII. C. XXXVIII.* Diaconus non baptizat, non offert. Tertullianus, Hieronymus, Cyrillus aber u. a. m. sagen: daß die Diakonen auch ordentlich getauft haben. CONCIL. ELIBERIT. *C. LXXVII.* Si quis Diaconus regens plebem sine Episcopo vel Presbytero aliquos baptizauerit, Episcopus eos per benedictionem perficere debebit. (S. BINGHAM. *Orig. Eccles. lib. II. Cap. XX.*). *h)* HIERONYMVS *Epist. LXXXV.*

tungen faſt alles, was die Biſchöffe hatten *h*.
Sie ſaßen neben den Biſchöffen in der Kirche,
und dieſer beſondere Ort wurde das Presby-
terium genannt *i*. Sie machten gleichſam
den Kirchenrath der Biſchöffe aus, welche die
Biſchöffe in wichtigen Angelegenheiten der
Kirche immer zu Rathe zogen *k*. In dieſem
Karakter waren ſie auch bei allgemeinen, und
beſondern Kirchenverſammlungen gegenwärtig *l*. Ueberhaupt hat die prieſterliche Würde
ieder-

LXXXV. ad Euag. Quid facit *excepta ordinatione* Epiſcopus, quod Presbyter non
faciat? CHRYSOSTOMVS *Hom. II. in I.
Tim. III.* 8. Inter Epiſcopum & Presbyterum intereſt ferme nihil. Quae de Epiſco-
pis dixit Paulus, ea etiam Presbyteris con-
gruunt, *ſola* quippe *ordinatione* ſuperiores
illi ſunt. (S. PALEOTIMI *Orig. eccleſ. lib.
II. C. III.*) *i)* CONSTIT. APOSTOL. *lib.
II. Cap. LVII.* Sit folium Epiſcopi in me-
dio poſitum, & ex utroque eius latere ſe-
deant Presbyteri. *k)* SINESIVS *Epiſt.
LXVII ad Theoph.* und CYPRIANVS *Epiſt.
LV.* unctum die Prieſter: Cleri ſacrum
venerandumque conſeſſum. Hieronymus
u. a. Senatum eccleſiae & ſenatum Chriſti.
u. ſ. f. *l)* S. Bingham *Orig. eccleſ. Lib.
II. Cap.*

ieberzeit alle Ehrerbietung der Gläubigen an sich gezogen, und man hat die Priester immer als Mittler zwischen Gott und den Menschen angesehen.

Indessen war doch auch gleich vom Ursprunge der Kirche an die bischöfliche Würde eine vom Priesterthum unterschiedene, und ganz erhabnere Würde. Der göttliche Geist hat die Bischöffe dazu bestimmt, die Kirche Gottes zu regieren *m*, deswegen wurden sie gleich anfänglich die höchsten Priester, und die Vorsteher oder Vorgesezte des Volks genannt. Die Priester waren ihnen iederzeit subordinirt und untergeben, und sie durften nichts

---

II. Cap. XIX. m) Actor. XX. 28. *n)* I-GNATIVS MARTYR. *epist. ad. Smyrn.* Sine Episcopo nemo quidquam faciat eorum, quae ad ecclesiam spectent. Honora Deum ut omnium Autorem & Dominum, Episcopum vero ut Principem, Sacerdotum imaginem Dei referentem. Man sehe mehrere Stellen beim *Thomassinus* vet. & nou. Eccles. Discipl. T. I. Cap. I. *Barthel.* Opusc. iurid. T. II. Opusc. II. de antiq. Jure reformandi. *o)* S. die Stellen aus dem Hieronymus und Chrysostomus oben: lit. h. *p)* Arrius wollte die Macht der Bischöffe und Priester gleich halten.

nichts ohne ihre Erlaubnis, und ihr Gutheißen thun, besonders was die Taufe, die Ausspendung des heil. Abendmals, und das Predigamt betraf [n]. Die Priesterweihe war ein für allemal eine bischöfliche Verrichtung, die den Bischöffen allein, niemals aber den Priestern zustund [o]. Die Priester, sagt Epiphanius, können zwar der Kirche Söhne verschaffen, die Bischöffe verschaffen ihr aber auch selbst die Väter [p]. Endlich müssen niemals die Bischöffe den Priestern, wol aber die Priester den Bischöffen von ihrem Verhalten Rechenschaft geben [q]. Zeugnisse genug, daß 1) die geistliche Kirchenhierarchie gleich im Anfange der

ten. Epiphanius widerlegt ihn, und sagt: Ordo Episcoporum ad gignendos Patres praecipue pertinent. Huius est enim Patrum in Ecclesia propagatio, Presbyter cum Patres non possit, filios Ecclesiae regenerationis lotione producit, non tamen Patros aut Magistros.) I. Tim. V. Aduersus Presbyterum accusationem noli recipere nisi sub duobus aut tribus testibus. Epist. ad Tit. C. I. Reliqui te Cretae, ut omnia corrigas. (S. *Barthel.* Opusc. iurid. Tom. I. Opusc. II. Nro. VII. Bingham Orig. Eccles. lib. II. Cap. III, §. 8.)

der Kirche schon gewesen, und daß die Glieder davon, die Diakonen, Priester und Bischöffe, 2) einander subordinirt und untergeben, und 3) in ihrer Ordination, 4) in ihrer Gewalt, und 5) in ihren Verrichtungen schon damals unterschieden, 6) die Bischöffe selbst aber nicht bloße Direktoren, sondern mit einer obrigkeitlichen Gewalt die Kirche zu regieren versehene Vorsteher waren.

II. §.

Christus der Herr gab den Aposteln die Macht zu binden, und zu lösen (8. §.). Er bestimmte sie und ihre Nachfolger, die Bischöffe,

a) S. PAUL. I. ad Cor. III. & ad Rom. XIII. 9.
b) Vt capite constituto schismatis tollatur occasio. S. CYPRIANUS *lib. de unit. eccles.* & S. HIERONYMUS *lib. I. aduers. Iouinian.* c) Wenn man die Sache in ihrem eigentlichen Verstande nähme, so würden sich unsere Glaubensgegner an dem Worte Gewalt und Oberhaupt nicht so sehr stoßen. Die Haupt- und wesentliche Gewalt bleibt immer bei Christo unserm eigentlichen Oberhaupte, so wie auch die eingesezte Regierungsform von ihm ist. Die Gewalt des Pabsts und der Bischöffe ist immer nur eine

fe, die Kirche Gottes zu regieren (10. §.). So lange er sich unter ihnen befand, war er selbst ihr sichtbares Oberhaupt. Nachdem er von ihnen schied, blieb er zwar noch das erste, einzige, und wesentliche Oberhaupt seiner Kirche *a*, weil er aber nicht immer sichtbar unter seinen Glaubigen sich aufzuhalten entschlos, so wolte er noch in seinem Leben selbst die Regierungsform, wie sie nach seinem Wegseyn gehalten werden solte, bestimmen, und zu Vermeidung aller Spaltungen *b* ein Oberhaupt sezzen *c*, welches zwar nicht mit unumschränkter Gewalt wie die weltliche Regenten herrschen *d*, die Regierungsform ändern, oder nach Willkühr Gesezze geben, sondern nach den bereits

eine Ministerialgewalt. Inde est, sage Barthel, quod in episcopatu animarum nostrarum Christus nullum habeat successorem, sintque Apostoli & Episcopi Christi in terris dundaxat Vicarii potestatem tantum ministerialem non absolutum habentes. S. Opusc. Jurid. Tom. II. de iure reform. Num. II. Rauttenstrauch l. c. Sect. I. Cap. VI. 566. *d)* MATTH. XX. 25. Daher kommt auch, daß der Pabst nach dem katholischen System niemals Dominus, sondern Custos canonum in der Kirchengeschichte genannt wird.

C   *e)* PETR.

reits von ihm schon bestimmten heiligsten Ge⸗
sezzen und Lehren im Geiste der Liebe und De⸗
muth seine Schaafe weiden, selbst das Vor⸗
bild der Heerde seyn *e* und seine Mithirten,
denen eben die Schlüsselgewalt gegeben ist, als
Brüder *f* in der Regierung der Kirche anse⸗
hen soll. Wen er aus seinen Aposteln zu die⸗
sem Oberhaupte ausersehen hätte, gab er schon
dazumal zu verstehen, da er zu Petro sagte:
Du bist Petrus, und auf diesen Felsen wer⸗
de ich meine Kirche bauen *g*. Und wiewol
er allen Aposteln die Gewalt ertheilte, die
Sünden nachzulassen, oder zu behalten, so
versprach er doch Petro diese Gewalt ins be⸗
sondere mit einem ganz besondern Ausdrukke,
den er bei andern Aposteln nicht gebrauchte:
Dir werde ich die Schlüssel des Himmels
übergeben *h*. Was du auf Erden wirst
aufgelöset haben, das wird auch im Him⸗
mel aufgelöset seyn, und was du auf Er⸗
den wirst gebunden haben, wird auch im

Him⸗

---

e) PETR. I. 5. *f)* MATTH. XXIII. 6.
Einen weltlichen Dominat hat also die Kir⸗
che nicht? Ja! folget aber hieraus, daß
sie gar keine geistliche Regierungsform habe?
Gewis nicht! *g)* MATTH. XVI. 18. *h)*
MATTH. XVI. 19. Die Sprachverständige
beob⸗

Himmel gebunden seyn. Man mag diesen Worten einen willkührlichen Verstand geben, wie man will, so wird doch der natürliche Verstand immer bleiben, daß unter der Uebergabe der Schlüssel eine oberherrlichkeitliche Gewalt verstanden wird, so wie ieder gemeine Mann bei Uebergabe der Regierungsschlüssel einer Stadt nichts anders als die Einräumung einer oberkeitlichen Gewalt versteht [i]. Dieser besondere Vorzug vor andern Aposteln wurde dem Petro noch mehr bestätiget, als Christus dreymal nach einander fragte: liebst du mich mehr denn diese? und als Petrus antwortete: Ja Herr! du weist, daß ich dich liebe: so sagte Christus: weide meine Lämmer, und zum drittenmal: weide meine Schaafe. Viele heil. Väter und Schriftausleger verstehen hier unter den Schaafen die Bischöffe, und unter den Lämmern die übrigen Gläubigen; wir wollen aber eben mit Bellarmin auf diese Auslegung den Hauptgrund nicht bauen,

beobachten hier einen besondern Nachdruk selbst in der Erzählung: wo es nicht heißt: dabo tibi, sondern tibi dabo: Dir werde ichs geben. *i)* S. Barthel opusc. iurid. Tom. II. de iure reform. antiq. Num. VI.
k) S.

bauen, wiewol man sie schon im fünften Jahrhunderte ließt *k*. Wir wollen nur bei dem natürlichen Wortverstande und dem Zusammenhange desselben bleiben *l*. Was hier Christus sonderheitlich zu Petro, und zwar dreymal nach einander gesagt hatte, das hat er zu keinem andern Apostel besonders mit so wiederholtem Nachdruk gesagt. Und weil er ihn zuvor ausdrüklich fragte, ob er ihn wol mehr als die übrigen liebte, und gleich auf die Betheurung Petri ihm die Schaafe zu weiden übertrug, so läßt sich in der natürlichen Folge nichts anders schliesen, als daß er ihm auch mehr Gewalt als den übrigen, und einen gröfern besondern Vorzug einräumen wolte. Es sind uns zwar die verschiedenen Auslegungen dieser

k) S. *Schmid* Instit. iuris ecclef. german. accomod. Tom. I. C. I. sect. III. §. 46.
l) Barthel beweiset nicht nur aus der göttlichen Schrift Ezech. XXXVII. 2. Reg. II. Psalm. XXII. 2. Reg. V. & VII. sondern auch aus profanen Schriftstellern als Homer l. 2. 3. Virgil Georg. 3. Sokrates, daß das Wort. pascere eine Macht, Gewalt, oder Regierung bedeuten könne.
m) ORIGENES epist. ad Rom. CYPRIAN. lib. de unit. ecclef. BASILIUS Serm. de Judicio Dei. GREGOR. NAZIANZ. orat.
de

dieſer Schriftſteller nicht unbekannt, nämlich
daß unter dem Felſen bald Chriſtus ſelbſt,
bald die Kirche, bald der Glaube zu verſtehen
ſey, es ſind auch dieſe Auslegungen in ihrer
Maas nicht zu verwerfen, beſonders wenn
man auf den Zuſammenhang und die Anwendung
Acht giebt, welche die Ausleger in Predigen,
Chriſtenlehren, und Sittenſchriften damit
gemacht haben; allein, wenn man auf den
buchſtäblichen, natürlichen, und allgemeinen
Verſtand derſelben zurükke geht, welchen
die Ausleger der Schrift, die Theologen, die
Väter der Kirche, und die Kirchenverſamlungen
ſelbſt dieſen Worten, und zwar in den erſten
Jahrhunderten ſchon gegeben hatten [m],
ſo wird iederzeit nichts anders als 1) ein beſon-

de ſeruand. moderat. in Diſcip. EPIPHANIUS
haereſi 51. CHRYSOSTOMUS homil.
55. in Matth. THEOPHILACTUS in cap.
22. Luc. OECUMENIUS in cap. 1. Act.
HILARIUS in cap. 16. Matth. HIERONYMUS
lib. I. contra Iouinian. & in cap.
XVI. Matth. AMBROSIUS in hymn. laud.
dici dominic. AUGUSTINUS lib. I. Retractat.
cap. 21. u. a. m. S. unſere Theologen
über dieſe Materie, beſonders Bellarmin
de poteſt. Pont. *Tournal* de eccleſ.
T. 2. *Habert* theolog. dogm. Tom. VII.
Petrus

sonderer Vorzug Petri vor andern Aposteln, und in der Folge 2) sein Primat und seine oberhirtliche Gewalt in der ganzen Kirche daraus geschlossen werden können.

12. §.

Die ihm von Christo übergebene höchste Gewalt hat auch Petrus iederzeit mit Recht behauptet. Bellarmin erzählt 28 Prärogative, die Petrus vor andern Aposteln gehabt hätte [a]. Wir wollen nur etliche davon anführen. Gewis ist es, daß er iederzeit in dem heil. Evangelium, so oft von den Aposteln Meldung geschieht, voraus gesezt, und an der ersten Stelle genannt wird [b]; wiewol übrigens Andreas an Jahren älter und vor ihm zum Glauben gerufen war (Joann I. 20.) und Johannes selbst von Christo mehr geliebt zu seyn schien. Bei dem ersten apostolischen Kirchenrathe hatte Petrus den Vorsiz. Er stund mitten unter den Brüdern auf, und machte den

Petrus de Maria diss. de discrim. Cleric. & Laic. cap. 3. und *Gotti* de vera eccles. Christi, Tom. II. Part. I. Art. I. & II. *Amort* Vindic. Juris eccles. Part. I. p. 1.
a) *Bellarmin.* lib. I. de Rom. Pont. c. 17.
b) Matth. X. 2. Marc. III. 16. Luc. VI. 14.

den Vortrag, welches die göttliche Schrift mit ganz besonderm Nachdrukke erzählet ᶜ. Nach der Sendung des heil. Geistes, als das Volk in eine Verwirrung gerieth und nicht wußte, was dis zu bedeuten hatte, stund Petrus wieder auf, und redete allein statt aller andern Apostel. Als das Volk durch seine Reden im Herzen gerührt war, und fragte: saget ihr Männer und Brüder, was sollen wir denn thun? antwortet Petrus statt aller übrigen: thut Buße, und lasset euch taufen, so werdet ihr die Gaben des heil. Geistes empfangen ᵈ. So oft sich ein Zweifel von Wichtigkeit erhob, rief er das Volk zusammen; er machte den Vortrag, und wiewol auch andere Apostel, z. B. Jakob, als wahre Mithirten ihre Meinung sagten, so trug doch Petrus dieselbe dem Volke vor, und das ganze Volk schwieg ᵉ. Aus diesem Eifer Petri, aus dem Betragen der übrigen Apostel, und selbst aus der Erzählung der göttlichen Schrift ᶠ, läßt sich

---

14. c) Act. I. 15. d) Act. II. 14. 37. item XV. 7. 28. e) *Hieronym.* ep. 89. & in sententiam eius Jacobus Apostolus, & omnes simul Presbyteri transierunt. f) *Joannes Chrysost.* homil. III. in acta. Quam est feruidus, quam cognoscit creditum

sich nun gar wol schliesen, daß Petrus 1) den ihm von Christo gegebenen Vorzug, und die anvertraute oberhirtliche Gewalt erkannt, und 2) in der That selbst, und zwar 3) mit Genehmhaltung, und Erkenntnis des Volkes sowol als der übrigen Apostel selbst ausgeübet habe *.

13. §.

Die Apostel, und vorzüglich Petrus (11. und 12. §.), wurden also von Christo bestimmet

ditum a Christo gregem, quam in hoc choro Princeps est. *Hugo Grotius* sagt: Petrus, qui primus his bono iure nominatur, utpote á Christo designatus non obscure praeses apostolici Coetus, unde & loquendi exordium facit. Loquebatur primus, fährt Grotius weiter fort, ut gregis non christiani tantum, sed & Apostolici pastor. Sic incipit nominis sui á Rupe dicti meritum implere. Cur instante multitudine: quidnam vult hoc esse? solus Petrus insurgit: stans autem Petrus &c. (S. *Gotti* de vera eccles. Christi Tom. II. Part. I. Art. I. &c.) *) Das Volk, oder die christliche Gemeinde war also der entscheidende Theil nicht, sondern die Apostel, und unter ihnen vorzüglich Petrus. Die
Ge-

met seine Kirche zu regieren (8. und 10. §.). Und nun sind es die Bischöffe als Nachfolger der Apostel und vorzüglich der römische Pabst als Nachfolger Petri. Die Gewalt der Apostel war zwar an sich selbst gleich, sagen die heil. Väter a); Einem aber wurde der Vorzug eingeräumt, um die Einheit der Lehre und der Kirche zu erhalten. Petrus hat nun ganz gewis diesen Vorzug von Christo nicht als eine Privatperson, sondern entweder im Namen der Kirche, oder als das Oberhaupt der Kirche

Gemeinde war zwar gegenwärtig, und dis war eine ganz besondere Klugheit der Apostel, daß sie in wichtigen Fällen sich ihrer Macht so bescheiden bedienten, die Gemeinde zusammen riefen, um sie ihres gerechten Verfahrens zu überzeugen. Man sehe die Stellen in den Anmerkungen über den 8, 9. und 10. §., wo aus der Geschichte ganz klar erhellet, daß die Bischöffe alles anordneten, und daß ohne sie in der Kirche nichts geschehen durfte. Es fällt also der Grund der Gegner vom Ursprung der Kirchendisciplin (4. §.) und mit ihm auch der Grund der Gesellschaftsrechte in der Kirche (*iurium* collegialium) von selbst weg.

   a) CYPRIANUS *lib. de unit. eccles.* hoc erant
      utique & caeteri Apostoli, quod fuit
                              Petrus

che erhalten *b*. Und weil ihm dieser Vorzug zur Erhaltung der Einheit in der Kirche eingeräumt ist, so kann es nicht ein Personalprivilegium Petri, oder blos ein Ehrenvorzug seyn, sondern er mus eine besondere und vorzüglichere Macht und Jurisdiktion in sich schliesen, die ihm die Mittel an die Hand giebt, wodurch er und seine Nachfolger diese Einheit im Glauben und in der Sittenlehre erhalten können, weil doch die ganze Kirche nicht immer in Concilien versammelt seyn kann.

Die

Petrus *pari consortio* praediti honoris & potestatis. - - propterea tamen unum inter duodecim electum fuisse, ut schismatis tollatur occasio. S. HIERONYMUS *l. I. aduers. Jouin.* CYPRIANUS item: Primatus Petro datur, ut una Christi ecclesia & cathedra una monstretur. Ita etiam AUGUSTINUS, OPTATUS, PACIANUS. (S. Rauttenstrauch) Instit. Jur. eccles. Tom. I. Sect. I. cap. VI. §. LXXV.
b) S. AUGUSTINUS lib. de agone christiano cap. 30. Ecclesiae claues regni coelorum datae sunt, cum Petro datae sunt. Item tractat. in Johannem. Petrus, quando claues accepit, ecclesiam sanctam significauit. *Beda* in cap. XII. Matth. Claues regni coelorum Petrus tanquam

Per-

Die Apostel hatten indessen ihre Gewalt unmittelbar von Christo [c], und nicht von Petro, und diese haben sie ihren Nachfolgern eben so überlassen, wie Petrus den seinigen dem römischen Pabste [d]. Petrus hatte zwar in den apostolischen Kirchenversammlungen den Vorzug, und redete statt der übrigen (12. §.). Den Schlus davon trug er aber nicht in seinem Namen allein, sondern im Namen aller übrigen Apostel vor: Es gefiel dem göttlichen Geiste und uns, euch hinfür

Personam gerens ipsius unitatis accepit. Dieser Saz ist aber sehr unterschieden von dem Sazze *Edmundi Richerii*, welcher behauptete, Christus hätte die Schlüsselgewalt unmittelbar der Kirche gegeben, und durch die Kirche, worunter er die christliche Gemeinde versteht, hätte sie erst Petrus und die Apostel erhalten. Edmund Richer geht hiedurch zu nahe an das System der Glaubensgegner (4. §.). Was wir behaupten sagt niemand deutlicher als Tertullian scarp. cap. 10. Memento Claues hic Dominum *Petro, & per eum* eccleſiae reliquiſſe. (S. *Febronium* de statu eccleſ. cap. I. §. VI.). c) Matth. XVIII. Johann XX. Act. XX. d) S. **Rautenstrauch** Inſtit. iur. eccleſ. Tom. I. sect.

für keine Last mehr aufzulegen, u. s. f. *e.*
Selbst dieser Schluß wurde nicht in seinem
Namen allein ausgeschrieben, sondern es fängt
sich das Sendschreiben im Namen der Apostel
und Aeltesten an *f.* Die Bischöffe sind bis iezt
noch in den allgemeinen Kirchenversammlungen
keine Räthe des römischen Stuhls, sondern
wahre Richter, welche eine entscheidende Gewalt haben, wie ihre Unterschrift bei den Kir-
chenversammlungsakten zeigen *g.* Will man
alle diese Umstände, und besonders die Kirchengeschichte mit in Betrachtung ziehen, so
folget nichts anders, als daß die von Christo
eingesezte Regierungsform seiner Kirche theils
1.) monarchisch, theils 2) aristokratisch,
folglich 3) eine aus dem Monarchisch- und
Ari-

sect. I. cap. VI. §. 79.   e) Visum est
spiritui sancto, & *nobis.* ACT. XV. 28.
f) Apostoli & seniores fratres his qui sunt
Antiochiae, & Syriae & Ciliciae fratribus
ex Gentibus salutem.   Actor. XV. 23.
g) Die Unterschrift lautet immer also.
Ego N. *consentiens,* oder *iudicans,* oder *de-
finiens* subscripsi. *Gelasius II* schreibt selbst
von den Bischöffen: Libente acquiescimus
fratrum nostrorum iudicio, qui a Deo
sunt *iudices* in Ecclesia constituti, & sine
quibus

Aristokratischen vermischte Regierungs=
form sey.

14. §.

Hierinn besteht das katholische System
von der geistlichen Regierungsform, welches
seinen Grund in der göttlichen Schrift, und
in der Tradition hat, und nunmehr von den
meisten, frömmsten, und gelehrtesten Theolo=
gen unserer Kirche, und selbst von Bellar=
min, dem eifrigsten Vertheidiger der päbst=
lichen Rechte, behauptet wird [a]. Nur eine
Schulfrage ist noch zu beantworten, näm=
lich: ob diese Regierungsform mehr Aristo=
kratisches, oder mehr Monarchisches in sich
habe? Dem Landesherrn und dem Staate
kann

quibus haec causa tractari non potest, Tom. X. Concil. *epist. ad Gall.* pag. 17.

a) Petavius sagt: quod sit ea opinio, quae piis & eruditis plerisque placeat. de Ec-clef. hierarch. l. III. cap. XVI. N. 9. Mit ihm behaupten diesen Saz fast alle iene Theologen, die man zum Unterschiede der Scholastiker, dogmatische Theologen nennt. Bellarmin schreibt selbst: hanc sententiam ab omnibus. D. D. Catholicis admitti.

Man

kann zwar dis in der Hauptsache gleichgültig seyn, ob die Vorsteher der Kirche ihre geistliche Gewalt mehr aristokratisch, oder monarchisch anwenden, wenn sie nur in ihren Gränzen bleiben, und sie nicht weiter erstrecken, als sie ihnen von Christo gegeben ist; wenn man aber auf die heiligsten Absichten des Kirchenstifters sieht, denen man immer näher kommt, ie weiter man sich von allem Scheine eines Dominats entfernet, und die Kirchengeschichte von den ersten Jahrhunderten an bis auf unsere Zeiten nur mit einem Blikke übersieht, so wird man etwas gewahr, welches doch einer Aufmerksamkeit würdig ist. Die apostolische Regierungsform, die man aus ihren allgemeinen Versammlungen und andern Betragen weis (12. §.), hält zwar den Vorzug Petri, im übrigen aber gar nicht viel Monarchisches in sich. Paulus widersezte sich ihm sogleich, da er nicht richtig nach der Wahrheit des Evangeliums wandelte [b]. Und es war dis nicht blos ein Personalfehler Petri, der ihn allein angieng, sondern er schlug in die Kirchendisciplin ein; denn

Man sehe hievon den wie in allen Stükken also auch in diesem sehr bescheidenen Pater Zall‑

denn Paulus sagte zu ihm: wenn du, der du ein Jud bist, heidnisch, und nicht jüdisch lebest, wie zwingst du denn die Heiden jüdisch zu leben? Alle wichtige Sachen wurden gemeinschaftlich abgehandelt, und in gemeinschaftlichem Namen beschlossen und ausgeschrieben (12. §.). In den ersten Jahrhunderten, da sich die Kirche verbreitete, regierte jeder Bischof seine Diöces, bestimmte darinn nach den Umständen jedes Landes die Kirchendisciplin, in Zweifelsfällen fragte einer den andern nachbarlich und brüderlich um Rath, und sie hiengen von Rom lange so sehr nicht ab, wie jezt. Die meisten Sachen, auch nicht von geringer Wichtigkeit, z. B. die Verdammung kezzerischer Lehren wurden von den Bischöffen selbst untereinander oder bei einer Partikularversammlung ausgemacht. Wurde die Sache noch wichtiger, weitläuftiger, und für die ganze Kirche interessanter, so wurde sie nicht nach Rom gezogen, und daselbst, sondern in einem Generalconcilio entschieden. Beispiele von Rekursen nach Rom waren sehr seltene Fälle. Um Appellationen weißt man

---

Zallwein Princip. iuris eccles. Tom. IV. cap. I. §. 4.   *b*) EPIST. AD GALL. II. 14.

man gar nichts. Und wenn Cyprianus und Polykrates iene trefliche Männer den römischen Pabst damals für den einzigen entscheidenden Richter und Monarchen gehalten hätten, wie hätten sie sich so getrost widersezzen und die Traditionen ihrer Kirchen vertheidigen können? Erst im VIII. Jahrhunderte fieng die monarchische Regierungsform an in Rom das Uebergewicht zu bekommen c. Die falsche Dekretalen des Isidors gaben den Stof dazu. Die Bestrebung der Päbste ihren Primat

14. c) S. den eben angezogenen P. Zallwein loc. cit. d) FEBRONIUS de statu eccles. cap. III. de incrementis iurium Primatus Romani, illorumque tum fortuitis & innocuis tum fontibus. e) Die Kirche wird in der göttlichen Schrift einem Schiffe, einem Hause, einem wohlgeordneten Kriegsheere verglichen. In einem Schiffe hat der Schifpatron, in einem Hause der Hausvater, bei einem Kriegsheere der Anführer eine monarchische Gewalt; folglich hat sie auch der Pabst, als oberster Monarch der Kirche: So schliesen die Scholastiker. Allein sie würden ganz anderst schliesen, wenn sie den buchstäblichen Verstand von dem Vergleichnisverstande unterschieden. Bei einem Gleichnisse beweisen wir

mat und ihre Jurisdiktion immer höher zu treiben, die Nachgiebigkeit der Bischöffe, die es geschehen liesen, und zum theil geschehen lassen mußten, trugen viel dazu bei [d]. Noch mehr aber trug die scholastische Lehrart bei, wo man den buchstäblichen Verstand der göttlichen Schrift nicht zur Maasregel nahm, sondern die Regierungsform der Kirche aus den Gleichnissen und Parabeln bestimmen wollte [e], die Kirchengeschichte außer Acht lies, und seine Stärke in willkührliche philosophische

wir nur das Ziel und die Absicht, nicht aber alle Umstände desselben. S. AUGUSTINUS l. XXII. contra Faust. TERTULLIANUS de pudicitia c. IX. S. CHRYSOSTOMUS schreibt überhaupt von Gleichnissen die Regel vor (hom. LXIV. in Matth.) Non oportere omnia, quae parabolae pertinent, vertatim scrutari, sed scopum intelligere, ad quem institutae sunt; eoque percepto & usurpato nihil amplius inquirere. Die Kirche wird einem Schiffe verglichen; weil außer derselben, wie im Meer außer dem Schiffe, kein Heil zu hoffen ist; Einem Hause, weil Christus mit seinen Gläubigen so liebreich, so gutmeinend handelt, wie ein Vater mit seinen Söhnen; Einem Kriegsheere, weil sie den Glaubensfeinden,

D

ſchen Vernunftſchlüſſe ſezte *f*. Alles dis machte den römiſchen Pabſt ſo ziemlich zu einem Monarchen, zum wenigſten in geiſtlichen Sachen, in denen einige Scholaſtiker die abſolut monarchiſche Regierungsform noch behaupten wollen *.

Es blieb aber noch nicht dabei. Alle obige Urſachen und nebſt denſelben noch die weltliche Herrſchaft, welche der Pabſt über das ſo genannte Kirchengebiet erhielt, die Ausbreitung der geiſtlichen Jurisdiktion über Temporalſachen, welche die Landesregenten zulieſen,

feinden, und der Pforte der Hölle ſo furchtbar iſt, wie ein wohlgeordnetes Kriegsheer dem Feinde. S. Rauttenſtrauch Tom. I. Sect. I. cap. VI. §. 84. Hier iſt alſo nirgends von der Einrichtung der Kirche die Rede. *f*) Die monarchiſche Regierungsform iſt die beſte, ſagen die Scholaſtiker ferner. Iſt dis allerdings richtig? wenn ſie auch bei weltlichen Staaten die beſte iſt; folget auch daraus, daß ſie es bei einer geiſtlichen Regierungsform, wie in der Kirche, wovon der Heiland ſelbſt allen Dominat entfernt wiſſen will, ſey? Hier kommt es nicht auf menſchliche Meinungen und Klügeleien an. Chriſtus der HErr, der Stifter der Kirche

liefen, die Entstehung des Corporis iuris canonici, und die Lehre der Dekretalisten, räumete dem Pabste nicht nur die Entscheidung von sehr vielen Civilsachen, die man mit Haaren in das geistliche Fach zog, sondern auch die Gewalt über die weltlichen Regenten selbst directe oder indirecte ein.

Alle diese Schritte und Umstände leuchteten iedermann in die Augen und sie bewiesen deutlich, daß 1) die von Christo eingesezte, 2) in den apostolischen, und ersten Jahrhunderten der Kirche gepflogene Re-

D 2

gie-

Kirche wird wol iene Regierungsform eingesezt haben, die er für sie am weisesten fand, und diese ist wol die pur monarchische nicht, wie oben (im 13. §.) erwiesen ist.
* Der berühmte Theolog *Tournely* schreibt von dieser Sache also: Regimen ecclesiae plus monarchicum dici, si attendatur ad communem, ordinarium & consuetum regendi morem; quia non semper sunt coacta concilia, semper autem est summus Pontifex. Plus vero dici posse aristocraticum, si attendatur ad supremam, primariam, & infallibilem regendi autoritatem; quia haec in una ecclesia uniuersali seu coacta seu dispersa residet.

gierungsform 3) mehr aristokratisch gewesen, die aber 4) im 6. 7. und 8. Jahrhunderte mehr monarchisch zu werden angefangen, 5) im 12. 13. und 14. Jahrhunderte nach der Lehre der Scholastiker ganz monarchisch in geistlichen Dingen, 6) und endlich auch in weltlichen Dingen über alle weltliche Monarchien im Christenthum wo nicht *directe*, wenigstens *indirecte* monarchisch geworden wäre. Es ist aber hier wol zu bemerken, daß die Lehre der Dekretalisten und Scholastiker keinesweges die Lehre der Kirche sey, und daß hier vor allen iener Grundsaz statt habe: separanda sunt iura a factis. Nicht allemal ist das, was in der Kirche geschehen ist, mit Recht, nach dem Willen und nach der Einsezzung Christi, ihres Stifters, geschehen.

15. §.

Wie kommt aber diese Regierungsform mit der Regierungsform des Staates überein? Ist sie kein Staat im Staate? Wir sezzen hier zum voraus, werden es aber weitläuftiger am gehörigen Orte a beweisen, daß die

---

a) S. 1. Theil 3. Hauptstük und 2. Theil 1. Hauptstük.   b) S. Lochsteins Gründe sowol

die von Christo seiner Kirche und ihren Vorstehern gegebene Macht eine blos geistliche Macht sey. Die Schlüsselgewalt (11. §.) schließt nur die Macht zu binden und zu lösen in Absicht auf unser Seelenheil und zu Erreichung der ewigen Glückseeligkeit in sich. In dieser besteht hauptsächlich die Regierung der Kirche und beweiset also zum voraus, daß sie sich weiter nicht, als auf geistliche Dinge erstrekken kann, wie Christus selbst sagt: daß sein Reich nicht von dieser Welt sey, und daß er also nicht gekommen wäre, ein weltliches sondern ein geistliches Reich. aufzurichten b. Die Kirche, die er errichtet, und die Regierungsform die er ihr gegeben hat, mus sich mit allen weltlichen Regierungsformen verbinden lassen; weil er die Kirche ia nicht für etliche einzelne Provinzen sondern für die ganze Welt gestiftet hat. Sezzen wir nur noch aus der gerade folgenden Abhandlung zum voraus, daß die höchste geistliche und höchste weltliche Macht von einander in der Wesenheit unabhängig sind und beide ihre bestimmte Gränzen haben: so schließt sich von sich selbst, daß 1) die Regierungsform der Kirche nach

sowol für als wider die geistliche Immunität in zeitlichen Dingen. 2. Theil, 4. u. 5. Kap.
c) S.

nach der Einsezzung Christi der weltlichen Regierungsform nicht entgegen sey, und wenn auch ie ein weltlicher Staat im weltlichen Staate nicht bestehen kann c), so kann doch ganz gewiß 2) ein geistlicher Kirchenstaat im weltlichen Staate ohne Nachtheil desselben bestehen.

16. §.

Daß zween Staaten neben einander bestehen, wenn sie ihre bestimmte Gränzen haben, dis beweiset die Verfassung des römischen Staates zu den Zeiten des Heidenthums. Die Gözzenpriester waren damals weder dem römischen Rathe noch dem Volke unterworfen. Sie hatten ihre besondere Jurisdiktion in ihren Gözzendiensten. Sie machten ihre Gesezze. Die geringern Gözzendiener waren den höhern untergeben und sie wurden, wenn sie ein Verbrechen begangen hatten, von den höhern verurtheilt und bestraft,

c) S. hievon *Zallwein* in Tom. III. Quaest. II. Cap. V. §. 10.

a) *Dionysius Halicarnasseus* Lib. II. Pontifices de omnibus causis ad sacra pertinentibus iudicant, nouas leges de sacris condunt,

bestraft, ohne daß der römische Rath oder die Republik deswegen Rechenschaft foderte ᵃ. Wenn aber zween Staaten nebeneinander wären, die nicht ihre besondre Gränzen hätten, sondern in einer und eben derselben Sache gleiche Rechte forderten und die höchste Gewalt davon prätendirten, so können diese freilich so wenig nebeneinander bestehen, als sich zween Könige miteinander vertragen würden, die ein und eben dasselbe Land mit gleicher und souverainer Macht behaupten wolten. In dergleichen Fällen ist also nichts übrig als 1) Subordination oder 2) Gränzscheidung.

17. §.

Die Kirche vertrug sich die ersten Jahrhunderte durch mit dem Staate gar wol. Sie hielt sich nämlich genau an die von ihrem Stifter bestimmte Regierungsform. Und gleichwie das Ziel ihrer Errichtung kein anderes

---

dunt, Ministros sacrorum in sacr. continent: si quempiam aduertant, dicta sua contemnere, eum mulctant pro delicti magnitudine. Ipsi nullius potestati sunt obnoxii, nec tenentur ad reddandam rationem vel senatui vel populo. S. *Zallwein* loc. cit.

deres als ein geiſtliches Ziel war, welches die Weſenheit und die Grundverfaſſung des weltlichen Staates nicht änderte, ſo bleiben auch ſowol ihre geiſtliche als weltliche Glieder in weltlichen oder Temporalſachen dem Staate unterthan, wie vorher. Sie pochten auf keine Immunitäten, auf keine Exemtionen von weltlicher Gerichtsbarkeit, und deswegen wurden auch ſowol die Kirche als ihre Regierungsform mit ſo vieler Liebe und Freude vom Staate aufgenommen, ihre Verbreitung von weltlichen Regenten befördert und endlich mit ſo vielen Immunitäten und Privilegien überhäufet. Die Frage: ob ſie einen Staat im Staate ausmachte, wurde gar nicht gehört. Was gab aber zu dieſer Frage Anlas? Dis ſieht man Schritt für Schritt in der Kirchengeſchichte. So bald die Kirchenvorſteher über ihre Gränzen giengen, ſich in Temporalſachen einmiſchten (14. §.), dieſelbe unter ihre Gerichtsbarkeit zogen, jene Immunitäten und Privilegien vermöge eines göttlichen Rechtes forderten, die ſie ſichtbar genug urſprünglich dem Landesherrn zu danken hatten, und endlich gar die Oberherrſchaft über die weltlichen Regenten (directe oder indirecte, in der Hauptſache macht es nicht viel Unterſchied,) prätendirten, und dis nicht nur öffentlich

fentlich lehren liesen, sondern auch dieser Lehre gemäs ihre praktische Maasregeln nahmen, so gieng zwar dis mit Beihülfe der Unwissenheit iener Zeiten und des Betrugs der falschen Isidorianischen Dekretalen einige Zeit fort. Es gab aber zu grosen Verwirrungen, blutigen Auftritten und Trennungen Anlas. Endlich weil man auch die Lehre der Dekretalisten und Scholastiker für die Lehre der Kirche hielt (14. §.), so kam es zu einem Bruche und noch iezt hält man in gewißen Reichen und Ländern für einen pragmatischen Grundsaz: daß die katholische Religion nicht zu erdulten wäre, weil sie in ihren Grundsäzzen und in ihrer Einrichtung einen Staat im Staate ausmache, welches sich mit der weltlichen Regierungsform und den Rechten der Landesregenten nicht verbinden lasse. Da verfiel man erst von Seiten unserer Glaubensgegner auf neue Systeme von Einrichtung der Kirche (4. §.) und sezte die obrigkeitliche Gewalt der Kirchenvorsteher auch in geistlichen Dingen auf eine blose Direktion herunter. Die geistliche Hierarchie hob man gar auf und machte die Gesellschaft der Glaubigen zu einer durchaus gleichen Gesellschaft, u. s. f. (4. §.). Ich hoffe aber nunmehr deutlich genug gezeigt zu haben, daß sich die Regierungsform der Kirche, so, wie sie von Christo ihrem Stifter eingesezt und lange in der Kirche unüberschritten beobachtet worden ist, auch nach dem katholischen System, (welches kein anderes als des Stifters ist) gar wol mit allen Regierungsformen der weltlichen Staaten verbinden lasse (15.§.); daß sie keinen widersprechenden Staat im Staate ausmache (16.§.) und wenn je dis dafür gehalten worden ist, daß es 1.) nicht von dem Systeme oder von der Regierungsform der Kirche, sondern 2.) von einigen Vorstehern derselben, die nicht nach dem Willen und den Maasregeln Christi gehandelt und die Gränzen der ihnen von Christo gegebenen Macht überschritten haben, zugleich auch 3.) von der Lehre der Dekretalisten und Scholastiker herkomme, welche diese Schritte gebilligt, als geistliche Gerechtsame behauptet, und gar vom göttlichen Rechte herzuleiten, beflissen waren.